Héroes de la Primera Guerra Mundial

Historias inolvidables de valor, abnegación y resistencia

Índice

Introducción

La historia de la Primera Guerra Mundial a menudo se clasifica en función de las naciones, los jefes de estado y las instituciones, pero rara vez se oyen los nombres de los héroes del campo de batalla que pusieron todo su empeño para alcanzar sus ideales. La Primera Guerra Mundial moldeó profundamente la sociedad actual y sentó las bases para la Segunda Guerra Mundial. Además, redefinió la guerra en muchos sentidos. Las fichas del ajedrez global, movidas por individuos poderosos, hicieron que muchas personas en el frente permanecieran sin rostro y sin nombre. La gran narrativa se traga sus acciones, pero sin su participación, los engranajes de la guerra no se habrían movido.

En la Primera Guerra Mundial, resultado de la competencia por el poder entre las naciones europeas, no hubo buenos ni malos. Millones de personas murieron innecesariamente en una guerra que habría podido evitarse con esfuerzos diplomáticos y un razonamiento sensato. A menudo se menciona a Alemania y Austria-Hungría como los principales instigadores de la guerra, pero los motivos que condujeron al lanzamiento de las primeras bombas fueron muchos y muy complejos. Con la invención de la aviación y el rápido avance de la tecnología armamentística, la Primera Guerra Mundial fue más devastadora que las anteriores. A menudo se la denominó *la guerra que puso fin a todas las guerras* porque fue la primera vez que muchas naciones de todo el mundo entraron en conflicto activamente.

Los principales protagonistas fueron las potencias de la Entente (los aliados), que incluían a Francia, Rusia, Italia, el Imperio británico y

Estados Unidos; y las potencias centrales, encabezadas por el Imperio alemán, el Imperio austro-húngaro y el Imperio otomano. La Primera Guerra Mundial puede considerarse el principio del fin de la era imperial, ya que los imperios se dividieron en estados-nación al final de la guerra. También fue el punto de partida de la gobernanza mundial, ya que se creó la Sociedad de las Naciones para facilitar la paz global.

Sin embargo, este noble objetivo no se alcanzó, porque Alemania se vio obligada a pagar reparaciones por su apoyo financiero a Austria-Hungría al comienzo de la guerra, sin las cuales probablemente el conflicto no habría comenzado. Esto sentó las bases de la Segunda Guerra Mundial porque la economía alemana se hundió y los alemanes se sintieron humillados, abriendo la puerta para la aparición de un fuerte líder nacionalista.

A partir de estos acontecimientos que cambiaron la civilización y que siguen siendo relevantes hoy en día, surgieron individuos brillantes que muchas veces se perdieron en la narrativa global. Este libro rinde homenaje a los héroes de la Primera Guerra Mundial destacando sus triunfos y sus tribulaciones. Al explorar sus relatos, la historia cobra vida. *Tendrá un asiento en primera fila en las vidas de personas increíblemente resistentes que, con sus heroicos esfuerzos y sacrificios, construyeron el mundo en el que vivimos hoy.*

Capítulo 1: El dominio del cielo de Manfred von Richthofen

La guerra de trincheras obligó a llevar el combate a los cielos. Esto hizo que los pilotos se convirtieran en héroes. Manfred von Richthofen destaca entre muchos de estos valientes. Su dedicación y destreza lo convirtieron en una bestia del aire a la que ningún piloto enemigo quería enfrentarse. Las victorias que acumuló son testimonios de su ferocidad y de su mortífera habilidad en el gatillo.

Manfred von Richthofen también es conocido como el «Barón Rojo»

Nada enciende más la imaginación que las peleas de titanes que dominaron los cielos del frente occidental y el frente oriental de la Primera Guerra Mundial. Las vertiginosas acrobacias al ritmo de las hélices inducen visiones de gloria o de estallidos terroríficos, dependiendo de si se está en el bando ganador o en el perdedor. Manfred von Richthofen fue posiblemente el mejor piloto entre los múltiples héroes que se sentaron en las cabinas. En el fatídico final de sus dos años de carrera, había derribado ochenta aviones enemigos, convirtiéndose en el caza con mayor número de derribos de la guerra. Su precisión en el vuelo, su intrepidez y su valentía sin límites fueron armas de doble filo que avivaron su gloria, pero lo condujeron a una muerte prematura.

El éxito en combate de Manfred von Richthofen y su comportamiento humilde y respetable fuera del campo de batalla lo convirtieron en un guerrero modelo. Las autoridades alemanas se dieron cuenta de ello y utilizaron su imagen como herramienta para motivar a las tropas y conseguir apoyo para sus objetivos bélicos. Además, este guerrero se ganó el respeto de sus compañeros y enemigos. Obtuvo las más altas condecoraciones del ejército alemán y tras su muerte fue honrado por las fuerzas aliadas. En torno a su historia se desarrollaron varios mitos y se corrió la voz de que las fuerzas británicas habían puesto una recompensa por su cabeza y ofrecido una Cruz Victoria al soldado que lo derribara. Cuando la verdad y la ficción se separan, von Richthofen se mantiene firme, como un hombre dedicado a su deber que hacía todo lo posible por elevar a sus compañeros.

La narración de su singular historia deja ver cómo la concentración y la dedicación inquebrantable pueden conducir a las más altas historias de superación. Von Richthofen no era un pensador académico o filosófico. Era un hombre práctico que avanzaba con ambición intuitiva. La forma en que manejaba su avión no se puede enseñar, es un impulso de lo más profundo del alma de las personas inquebrantables y dedicadas. Su perfecta combinación de confianza y humildad fue la combinación mortal que lo hizo invencible en el aire. Su brillante avión de tres alas quedará grabado para siempre en la mente de quienes están familiarizados con los detalles de la Primera Guerra Mundial.

El ascenso del Barón Rojo

Este piloto alemán fue uno de los aviadores más mortíferos de la guerra. Recibió el apodo de «Barón Rojo» debido a los llamativos aviones que pilotaba y a su educación como aristócrata prusiano. Las rodillas temblaban y los dientes castañeteaban cuando se veía al Barón Rojo acercarse por el horizonte. Cualquier piloto prudente sabía que le esperaba un combate terrible. La habilidad sin igual de von Richthofen hizo crecer su leyenda como el mejor piloto de la guerra. Entre 1916 y 1918, derribó ochenta aviones aliados con precisión quirúrgica. Nadie más alcanzó esta increíble cifra de impactos sobre aviones enemigos.

Von Richthofen obtuvo su licencia de piloto en el frente occidental de la guerra. Tras volar en varias misiones de combate en Francia y Rusia, el Barón Rojo conoció al alemán Oswald Boelcke, que lo tomó bajo su protección y le enseñó a volar a un nivel de élite. Von Richthofen era un piloto de caza que rápidamente se ganó el título de «as al volante», que se lograba cuando un caza derribaba cinco o más aviones enemigos. Von Richthofen derribó su primer avión el 17 de septiembre de 1916. A principios del año siguiente, ya había acumulado dieciséis derribos enemigos confirmados. Durante este periodo, los brillantes vuelos de von Richthofen le valieron la medalla militar alemana al mérito.

Tras reconocer su incomparable talento, el ejército alemán puso a von Richthofen al mando del escuadrón Jasta 11 (Jagdstaffel 11), en el que se encontraba Lothar von Richthofen, el hermano menor del Barón Rojo. El equipo era una unidad cohesionada de pilotos expertos que realizaban múltiples misiones con éxito. Como comandante del Jasta 11, el piloto, seguro de sí mismo, pintó de rojo escarlata su avión de combate, Albatross D.III, dando origen a su apodo de Barón Rojo que perduró durante generaciones. Algunos de sus otros apodos eran «el Caballero Rojo», «le *Petit Rouge*» (el Pequeño Rojo) y «el Aviador de Batalla Rojo». Se pueden apostar millones de dólares a que cuando los cazas enemigos veían acercarse a lo lejos aquel avión rojo sangre, temblaban de miedo porque sabían el terror que les esperaba.

A diferencia de muchos comandantes de su época, von Richthofen volaba en primera línea de batalla varias veces al día, dirigiendo su escuadrón. El comandante se sentía como en casa en el asiento de su amado avión rojo que lo llevó a través de numerosas situaciones difíciles hacia la victoria, antes de encontrar su final estrepitoso. Creía que no podía esperar que sus subordinados actuaran si él no les enseñaba cómo hacerlo. Von Richthofen era un líder de la vieja escuela, que no elaboraba estrategias para que otros las ejecutaran. Su exitosa historia demuestra que le encantaba estar en el fragor de la batalla por su pasión por el vuelo de combate y su sentido del deber hacia su país.

Como el Barón Rojo salía victorioso de todos los enfrentamientos, sus aliados y enemigos le consideraban imbatible. Su reinado de precisión se mantuvo hasta que fue abatido, en 1918. Parece apropiado que encontrara su final en tierra, abatido por artilleros después de caer en picado, porque nadie podía derrotarlo en el cielo. Sus proezas militares en el aire no pudieron ser imitadas porque, aunque no fuera el mejor académicamente, era un genio en la cabina. Von Richthofen tuvo tanta repercusión en solo dos años como piloto de caza, que cuando el cuerpo del joven de veinticinco años fue encontrado por cazas aliados, fue enterrado con honores militares por soldados enemigos. La leyenda del Barón Rojo perduró después de la guerra y su historia se contó a través de múltiples medios, como canciones, programas de televisión y cómics.

Primeros años de carrera militar

La carrera militar de von Richthofen comenzó muy pronto, cuando su adinerada familia le envió a la escuela militar de Wahlstatt a la tierna edad de once años. Se graduó en el Instituto Real Principal de Cadetes Prusianos (Preußische Hauptkadettenanstalt), la principal academia militar de formación de oficiales del ejército prusiano, destacando en los deportes, pero no tanto en los estudios. A medida que avanzaba su carrera militar, se alistó en el regimiento ruso Uhlan como parte de la caballería de reconocimiento. Su unidad luchó en Rusia, Francia y Bélgica al principio de la guerra. La unidad de caballería terminó disolviéndose debido a la guerra de trincheras que se adoptó en la Primera Guerra Mundial, lo que la hizo obsoleta. Además de su papel en la caballería, von Richthofen sirvió como mensajero en los frentes oriental y occidental.

Sus nobles orígenes explican por qué el condecorado piloto estaba comprometido con el honor y el deber. Su acomodada familia lo preparó desde muy joven para ingresar en el ejército. El sistema de valores ideológicos que defendía le fue inculcado antes de que pudiera comprender las implicaciones de adoptar unos principios tan inquebrantables. Estaba destinado a convertirse en un héroe de guerra desde muy temprano, pero nadie habría podido predecir lo letal que sería al mando de un avión. Su carácter práctico y directo encajaba perfectamente con la profesión de piloto, como si hubiera nacido para ella. El empeño de von Richthofen por perfeccionar sus habilidades y aprender de todo el mundo le permitió alzarse como el mejor piloto de caza de la guerra.

Antes de incorporarse al Servicio Aéreo Alemán, von Richthofen voló transportando suministros para la guerra. Pidió ser trasladado porque sentía que su potencial se desperdiciaba en esta rama. Fue una de sus mejores decisiones, porque tenía talento natural para los combates aéreos. Antes de volar en el Servicio Aéreo como piloto, comenzó como ayudante en aviones del Feldfliegerabteilung 69. Su camino hasta convertirse en un héroe comenzó cuando le asignaron al piloto Oswald Boelcke, quien le enseñó muchas habilidades que lo convirtieron en una leyenda. Con el tiempo, superó a su mentor y se hizo popularmente conocido como el «As de Ases».

Von Richthofen admiraba a Boelcke, adoraba el camino que recorría. Boelcke se había labrado una reputación como uno de los mejores ases y muchos lo describían como el «Padre del Combate Aéreo». Von Richthofen dijo una vez que se veía a sí mismo como un gran piloto de caza, pero que no podía igualar el heroísmo de Boelcke. La pericia de Oswald Boelcke era respetada en todas las filas del ejército, hasta el punto de que distribuyó un manual de instrucciones por todo el Servicio Aéreo Alemán para que los pilotos aprendieran los principios necesarios para triunfar en combate.

Antes de convertirse en piloto, von Richthofen luchó valientemente en las trincheras, recorriendo el frente como mensajero. Von Richthofen se movía como un ninja, agachándose y cubriéndose cuando las balas enemigas pasaban a toda velocidad delante de su casco. Fue condecorado con la Cruz de Hierro por su heroica actuación en el campo de batalla. Poco a poco, los aviones se convirtieron en la estrategia de combate predominante debido a los daños que causaban en las trincheras. Quizá por eso von Richthofen estaba tan ansioso por participar en los combates aéreos. Sin embargo, el ascenso del Barón Rojo a la cima no estuvo exento de obstáculos. El condecorado piloto se estrelló en su primer combate solitario, pero persistió hasta que fue reclutado para el escuadrón Jasta II de Boelcke, cuando la leyenda del combate reconoció el potencial del joven y prometedor piloto. Sin Boelcke, es poco probable que von Richthofen hubiera alcanzado las metas que alcanzó en el combate aéreo.

Líder del Circo Volador

A medida que von Richthofen ascendía en el escalafón, se convirtió en el comandante del nuevo escuadrón Jasta 11 del Servicio Aéreo Alemán. Von Richthofen siguió cosechando éxitos hasta convertirse en comandante del ala más grande del servicio aéreo, la Jagdgeschwader 1, compuesta por varios escuadrones. En el momento en que asumió esta función de liderazgo, su leyenda se había extendido por todas partes. Von Richthofen fue el ejemplo perfecto para la propaganda alemana y se utilizó como símbolo nacional para obtener bonos de guerra. Un piloto apuesto, temido y respetado era el candidato perfecto para promover el esfuerzo bélico. El triplano Fokker Dr.I de tres alas rojo sangre de von Richthofen (que pilotaba como comandante del llamado Circo Volador) ha aparecido en numerosas manifestaciones de la cultura pop y sigue siendo un símbolo icónico de la Primera Guerra Mundial.

El triplano Fokker Dr.I

Michael Dolan, CC BY 2.0 https://creativecommons.org/licenses/by/2.0, vía Wikimedia Commons: https://commons.wikimedia.org/wiki/File:Fokker_Dr.I_Triplane_Deutsches_Museum_Munich_1976.jpg

El Barón Rojo se convirtió en el comandante de Jasta 11 cuando completó su décimo sexto derribo. Después de asumir este rol de liderazgo, la racha mortal de von Richthofen continuó, terminando con un recuento de 52 victorias. Abril de 1917 fue un mes notable porque, en treinta días, von Richthofen derrotó a veintidós cazas británicos. Su compromiso y sus logros sin parangón pusieron a von Richthofen a la cabeza de la fila para comandar la Jagdgeschwader 1, una combinación de los escuadrones Jasta 4, 6, 10 y 11. Se comprometió a entrenar a los pilotos de élite, y muchos se convirtieron en comandantes de sus escuadrones.

Parte de los éxitos de las unidades de von Richthofen se deben a su énfasis en el orgullo por el equipo y por su labor. Este orgullo no solo se expresaba verbalmente, sino que también se imponía con acciones. Por ejemplo, von Richthofen animó a los pilotos bajo su mando a pintar cuadros personalizados en sus aviones para que los sintieran más suyos y establecieran una conexión personal con el vehículo que les impulsaba al límite entre la vida y la muerte. Por mucho que animara a los miembros de su escuadrón, él era con diferencia el miembro más valorado del equipo. Von Richthofen decía que nunca se subía a un avión por una tontería, por lo que siempre disparaba a matar, apuntando a la cabeza del piloto o del ayudante. El general alemán Erich Ludendorff elogió a von Richthofen, señalando que, como individuo, tenía tanto valor como tres escuadrones juntos.

Von Richthofen consideraba que su principal función era la de comandante de ala, por lo que debía asegurarse de que las misiones se completaran. En segundo lugar, tenía que enseñar a los miembros de su equipo a desplegar todo su potencial en los peligrosos cielos. Von Richthofen creía en la celebración de las victorias para elevar la moral y la autoestima. Sabía que los pequeños éxitos eran pasos para alcanzar la grandeza. Ganar es como una droga: cuanto más ganas, más quieres ganar. Von Richthofen aprovechó al máximo esta psicología construyendo su equipo paso a paso. Aplicó para sí mismo el mismo principio, mandando a construir un trofeo de plata cada vez que derribaba a un enemigo. La tradición terminó cuando su joyero se quedó sin plata porque todos los metales se destinaban al esfuerzo bélico y, para entonces, von Richthofen ya había ganado sesenta copas.

El éxito del Circo Volador fue una de las mayores herramientas de propaganda de Alemania. Von Richthofen se había hecho tan famoso y se había entrelazado tanto con la imaginería de la guerra, que los altos mandos temían que su muerte desmoralizara a la población. El apodo del escuadrón provenía de una combinación entre su estética y su labor. La unidad podía desplazarse rápidamente a donde se la necesitara y a menudo instalaba tiendas de campaña en diversos lugares. Tenían aviones distintivos de colores brillantes. Sus desplazamientos, unidos a los colores, hicieron que se les llamara el Circo Volador, un nombre de marca llamativo que era perfecto para la propaganda.

Batallas aéreas

Von Richthofen evitó los extravagantes giros a los que estaban acostumbrados los cazas británicos. Voló directo hacia sus objetivos para abatirlos. En lugar de confiar en las habilidades de un solo piloto, los cazas alemanes volaban en formación. Von Richthofen comprendió que en el aire lo único que importaban eran los resultados. Por lo tanto, su objetivo eran los biplaza de vuelo lento, que tenían los depósitos de combustible en la parte trasera y eran fáciles de derribar. Deshacerse rápidamente de los blancos fáciles hizo que las victorias de von Richthofen fueran cada vez más.

En lugar de conformarse con el *statu quo*, von Richthofen adoptó tácticas más efectivas. Dejó a un lado los artificios de pilotaje de muchos otros pilotos, optando por hacer únicamente lo que era necesario. Abandonando los trucos innecesarios, promovió una precisión mortal nunca vista hasta entonces. Von Richthofen surcaba los aires como un depredador, convirtiendo a sus oponentes en presas mientras los perseguía implacablemente. Su leyenda pasó a formar parte de la mitología militar estadounidense. Los dibujos animados de la empresa Peanuts ya habían inmortalizado al Barón Rojo. De ahí que muchos soldados utilizaran esa iconografía, esculpiendo a un cansado Snoopy perseguido por el Barón Rojo en sus aviones y equipos durante la guerra de Vietnam. Las imágenes incluían citas estrafalarias como «Dios santo, otra misión». Décadas después de su muerte, se seguía haciendo referencia a su perseverancia en la batalla.

El vuelo de precisión y el trabajo en equipo del Circo Volador llevaron a von Richthofen a su época de mayor éxito. Perseguían y mataban a sus enemigos mientras se mantenían en formación disciplinada. Las fuerzas aliadas no sabían cómo enfrentarse a su hábil puntería y a sus excepcionales habilidades de pilotaje, que se desviaban de las normas de los combates aéreos de la época. Von Richthofen aplicó muchas de las tácticas de Boelcke, pero participó mucho más activamente que su respetado mentor, ya que lideraba desde el frente.

La brillantez de von Richthofen suscitó cierta controversia. Su despiadada eficacia inspiró el estilo de lucha de los nazis en la Segunda Guerra Mundial. Además, Hermann Göring, uno de los líderes nazis más poderosos y notorios, comandaba el mismo escuadrón del Circo Volador que von Richthofen. Aunque tácticamente utilizaron estrategias similares, von Richthofen había desaparecido mucho antes de que el régimen genocida tomara el poder.

Ética personal

Aunque von Richthofen mató brutalmente a muchos de sus enemigos disparando a sus depósitos de combustible y haciéndolos arder hasta la muerte, tenía fama de humilde caballero cuando se bajaba del asiento del piloto. Von Richthofen trabajaba duro en sus habilidades porque respetaba mucho a sus enemigos. Cualquiera que pisara el campo de batalla para luchar por su país se ganaba su respeto, y su crueldad en los cielos le aseguraba ser respetado y temido.

Von Richthofen era el guerrero por excelencia porque, además de sus mortíferas y despiadadas decisiones en el campo de batalla, tenía una actitud caballerosa. Siempre fue respetuoso con quienes estaban bajo su mando, controlaba estoicamente sus emociones y no perdía nunca los estribos. Entendía que, para construir la unidad, era necesario el respeto; de lo contrario, sus compañeros no estarían motivados para darlo todo en las misiones. La mayoría de las acciones de von Richthofen estaban impulsadas por la ambición, por lo que tenía que conectar con su escuadrón para sacar lo mejor de ellos. De ahí que siempre les tratara con dignidad.

El Barón Rojo nunca perdió la concentración hasta el trágico final de su vida. Durante su carrera aérea sufrió lesiones que estuvieron a punto de cambiarle la vida. Cuando le sugirieron que se alistara en las fuerzas de tierra debido a una lesión en la cabeza, que le provocaba náuseas y migrañas, von Richthofen se negó, porque los soldados ordinarios no podían permitirse el lujo de elegir su posición. Así que, por principio y por deber, siguió volando. Esta elección le costó la vida a los veinticinco años: el Barón Rojo fue derribado desde tierra cuando intentaba eludir el fuego enemigo. Su muerte aumenta el misticismo de su leyenda, ya que ni siquiera cuando fue derrotado perdió contra otro piloto.

En muchos sentidos, von Richthofen era una paradoja. Fue el caza enemigo más letal, pero las fuerzas aliadas le dieron un funeral honorable. Tenía un comportamiento humilde unido a una confianza en sí mismo sin parangón. Aunque era un héroe de guerra, inspiró a algunos de los hombres más malvados que llegaron al poder en la Segunda Guerra Mundial. A través de todas estas contradicciones, el Barón Rojo emerge como una de las figuras más enigmáticas de la Primera Guerra Mundial. Su orgullo, su destreza, su lealtad y su perseverancia quedan grabados con fuego en la carne del primer conflicto mundial, de modo que su recuerdo como héroe del campo de batalla no puede borrarse. Cuando se mencionen los combates de la Primera Guerra Mundial, Manfred von Richthofen resonará por toda la eternidad como el mejor piloto de caza de su época.

Capítulo 2: Lawrence de Arabia: el guerrero del desierto

Thomas Edward Lawrence, alias Lawrence de Arabia, es un nombre que ha resonado a través de los tiempos. Incluso quienes no están familiarizados con su historia han oído hablar de él, ya que fue inmortalizado en varias películas y programas de televisión. Lawrence vivirá para siempre en los corazones y las mentes de británicos y árabes. Fue el héroe que luchó por los árabes, los liberó del Imperio otomano y les ayudó a levantarse nuevamente.

Lawrence de Arabia
https://commons.wikimedia.org/wiki/File:Te_lawrence.jpg

Este capítulo trata de la historia del oficial británico y revolucionario Thomas Edward Lawrence y de cómo orquestó la revuelta árabe contra las fuerzas otomanas.

¿Quién fue Thomas Edward Lawrence?

Lawrence nació en Gales, Reino Unido, el 16 de agosto de 1888. A diferencia de la mayoría de los niños de su edad, que pasaban el tiempo jugando y divirtiéndose con sus amigos, Lawrence se interesaba por las antigüedades, los monumentos y la arquitectura. En 1910 se licenció en Historia en el Jesus College de Oxford. Después, trabajó como arqueólogo en Siria, Palestina y Egipto cuando estaban bajo el reinado del Imperio otomano. En 1914, sirvió en el personal de inteligencia del Mando Británico de Oriente Medio en El Cairo, que impulsó la primera campaña contra el Imperio otomano. En 1916 fue destinado a Arabia Saudí, donde se convirtió en una famosa leyenda y cambió el curso de la historia. Durante su estancia en Arabia, Lawrence llegó a dominar el idioma, lo que le ayudó a entender a los árabes, a quienes respetaba y admiraba.

Lawrence era un oficial de enlace entre los árabes y los británicos. El gobierno británico quería que los árabes se sublevaran contra el Imperio otomano, por lo que le enviaron a ofrecer su ayuda a este pueblo.

Aunque otros oficiales británicos trabajaban con los árabes, Lawrence era el más famoso. Fue uno de los pocos oficiales que no solo se destacó por sus habilidades militares, sino que estableció estrechas relaciones con algunos de los líderes árabes. Lawrence era uno de los oficiales británicos más jóvenes y con menos experiencia, pero su respeto por los árabes y su cultura lo hicieron muy exitoso.

Lawrence fue descrito a menudo como un «hombre dividido» porque era un oficial británico leal a la corona que llegó a Oriente Próximo en nombre de su gobierno. Se le ordenó estudiar a los árabes y aprender todo sobre ellos. Se suponía que debía infiltrarse para descubrir sus puntos vulnerables y así poder controlarlos. Sin embargo, Lawrence comía su comida, hablaba su idioma y se vestía como ellos. No podía evitar sentir que estaba entre familiares y amigos. Incluso se sentía culpable por no haber negociado su libertad después de la guerra.

La pericia táctica de Lawrence en la guerra de guerrillas y las estrategias de batalla

La guerra de guerrillas usa técnicas no convencionales e indirectas del campo de batalla que implican golpes y huidas, emboscadas, incursiones y sabotajes, normalmente llevadas a cabo por paramilitares, civiles armados o rebeldes.

Lawrence pasó mucho tiempo en el desierto con los beduinos (tribus nómadas de habla árabe que viven en el desierto), donde adquirió su experiencia táctica. Como Lawrence era un experto militar, creía que los árabes podían ganar la guerra sin entrar en combate directo. Les sugirió que utilizaran la guerra de guerrillas.

La guerra de guerrillas era la estrategia perfecta para quienes no disponían de suficientes hombres, armas o recursos para entablar una batalla regular. Lawrence preparó un pequeño grupo con integrantes de tribus árabes para atacar al ejército otomano. Su plan consistía en preparar el grupo más pequeño para atacar en el punto más alejado de los otomanos y de la forma más rápida. Era una táctica de ataque y huida, una de las muchas técnicas de la guerra de guerrillas. Lawrence llamó a esta guerra «el Muro de los Destacamentos» porque supuso las mayores pérdidas para los turcos, con solo unas pocas bajas árabes.

El escritor galés Phil Carradice describió las tácticas de guerra de guerrillas de Lawrence como «materia de leyenda», especialmente su conquista de Aqaba.

Lawrence era un guerrero duro y disciplinado. Pasaba días sin agua, comida ni sueño para poner a prueba sus fuerzas y ver cuánto tiempo podía aguantar sin satisfacer esas necesidades. Como era de esperar, Winston Churchill lo describió como «uno de los hombres más grandes que jamás haya existido».

Las habilidades de Lawrence para el sabotaje

Dado que el ejército turco se extendía por el extenso desierto de Arabia, a los rebeldes del Hiyaz (la actual Arabia Saudí) les resultaba fácil atacar y destruir las líneas de suministro y comunicación. Los británicos controlaban el Mar Rojo, por lo que los turcos se veían obligados a utilizar el ferrocarril del Hiyaz para transportar sus armas, suministros y hombres.

Con la ayuda de Lawrence, los árabes pasaron dos años saboteando partes del ferrocarril del Hiyaz. Lawrence tenía un plan brillante para sorprender y engañar a los turcos. Envió a un pequeño grupo de hombres a sabotear las vías. Mientras el ejército turco se defendía, reunió a un gran grupo de hombres para llevar a cabo rápidas tácticas de asalto.

Las técnicas de guerrilla de Lawrence sirvieron para debilitar las líneas enemigas. Utilizó menos hombres para sus ataques que los turcos para defender las vías. Sus ataques eran severos, pues prefería utilizar explosivos, ya que provocaban daños más graves y requerían reparaciones más prolongadas. Uno de los explosivos favoritos de Lawrence era la «bomba Tulipán», que torcía las vías y las dejaba irreparables.

Otra táctica que Lawrence utilizaba a menudo era poner las vías fuera de servicio. Enviaba a veinte hombres a quitar los raíles y tirarlos y hacía explotar puentes para que quedaran como escombros en lugar de derrumbarse, de modo que tardaban más en arreglarse.

Todas estas tácticas eran difíciles de ejecutar. Por ejemplo, volar trenes era todo un reto, pero Lawrence ideó la manera y colocaba explosivos junto a las vías para que luego alguien les disparara desde lejos.

Lawrence también aportó armas modernas a los árabes, como los biplanos. Estas armas les dieron ventaja. Los árabes también conocieron los autos blindados Rolls Royce y las motocicletas, que nunca habían visto antes.

Lawrence mostró a los árabes el poder de sus armas modernas golpeando una vía férrea con uno de sus blindados. En 1917, condujo otro blindado a 100 km/h para atacar la guarnición turca. Sorprendió y derrotó a sus enemigos. Se refería a la lucha con armas modernas como «fighting deluxe».

Lawrence demostró su genio militar combinando estrategias y armas modernas con las tradicionales.

La relación de Lawrence con los líderes árabes

Lawrence sabía que no podía ganar la guerra solo con sus habilidades militares. Necesitaba habilidades diplomáticas. De ahí que estableciera fuertes vínculos con el emir Feisal, hijo del Sharif Hussein de La Meca, uno de los líderes más importantes de la región árabe. Lawrence era inteligente, carismático e influyente. Convenció a Feisal y a Abdullah I, rey de Jordania, para que apoyaran a Gran Bretaña contra el Imperio otomano. Los árabes confiaron en él y juntos planearon varios ataques de guerrilla que les dieron ventaja sobre sus enemigos.

Aunque mantenía una buena relación con la mayoría de los líderes árabes, consideraba a Feisal un buen amigo. Lawrence pasó dos años en el Hiyaz con Feisal y lo reconoció como el líder árabe más fuerte de la revolución contra los turcos. Con la ayuda de su amigo de confianza, creó un ejército árabe apoyado y financiado por los británicos.

Lawrence y el príncipe Feisal se conocieron en 1917, cuando Lawrence fue enviado para determinar si los árabes necesitaban ayuda en su revolución contra los turcos. Se le ordenó encontrar a un hombre inteligente y fuerte para liderar a los árabes en la batalla. Lawrence creía que Sharif era el hombre adecuado para el trabajo. Sin embargo, cuando llegó a conocerlo mejor, lo encontró testarudo e inflexible, por lo que prefirió a su hijo, Feisal, antes que a él. En sus memorias escribió que desde el primer momento supo que Feisal era el hombre que había ido a buscar. Poseía las cualidades y habilidades de liderazgo necesarias para llevar a los árabes a la victoria.

Feisal tenía muchas otras cualidades admirables, como ambición, flexibilidad y eficiencia, y Lawrence creyó que era lo que se necesitaba para iniciar la revuelta árabe. Feisal admiraba a Lawrence y lo consideraba fiel, bien relacionado e inteligente. Lawrence tenía dinero, oro y acceso a algunas de las armas más caras del mundo gracias al gobierno británico. Feisal creía que con los recursos de Lawrence podrían convencer a otros líderes árabes para unirse a él en la revolución.

En la batalla, Lawrence veía a Feisal como una persona sensata y capaz de resolver problemas. A menudo le observaba desde su tienda y respetaba el trato que daba a sus soldados, con paciencia y comprensión.

Ambos hombres tenían un objetivo común y trabajaban juntos para conseguirlo. El ejército de Feisal respetaba a Lawrence y a menudo le pedía consejo. Acogían con agrado sus sugerencias y se lanzaban a aplicar técnicas de guerrilla.

Entonces, ¿por qué los líderes árabes confiaban en Lawrence más que en cualquier otro oficial británico? Lawrence se preocupaba de verdad por el movimiento árabe y quería ayudarles a liberarse del dominio otomano. Se adaptó a su cultura, se quedó con ellos, vestía como ellos y hablaba su idioma. Muchos árabes lo consideraban uno de los suyos.

Una vez, cuando Lawrence llegó a Arabia, Feisal le regaló un camello. El príncipe pidió a su buen amigo que lo montara y le acompañara a Wadi Ais. Lawrence nunca había montado en camello. Sin embargo, no lo dudó y montó como si llevara años haciéndolo. Además, se vistió como árabe, con túnica y *ghutra*. Los miembros de la tribu que lo vieron se sorprendieron. Un inglés se vestía y montaba como ellos. No le asustaba el extraño desierto y nunca se quejó de cabalgar todo el día. Nunca se detenía a beber a menos que ellos lo hicieran. Nunca sintieron que fuera un extranjero; era uno de ellos. No un aliado más, sino un árabe con un aspecto y una forma de hablar diferente.

El General Sir Edmund Allenby, comandante en jefe de la Fuerza Expedicionaria Egipcia Aliada, describió a Lawrence como leal a los árabes. También le atribuyó el mérito de ser la principal fuerza impulsora de la Revolución árabe.

Las batallas y estrategias más importantes de Lawrence

Lawrence demostró ser un brillante líder militar. No fueron solo las tácticas de guerrilla las que le granjearon esta reputación, sino también su éxito en muchas batallas, como la batalla de Aqaba, que se ha convertido en una leyenda hasta nuestros días.

La primera incursión de Lawrence

En 1917, Lawrence y el ejército árabe realizaron su primera incursión en el desierto. Llegaron a una colina frente a un campamento turco. El ejército destruyó el campamento y tomó prisioneros a varios turcos. Esta fue la primera victoria que los árabes lograron contra los turcos, y seguirían muchas más.

La batalla de Aqaba

Aqaba era una ciudad portuaria de Jordania donde tuvo lugar una de las batallas más influyentes entre los árabes y los turcos. Lawrence y Feisal asistían a menudo a reuniones para discutir sus próximos movimientos contra los turcos. En una reunión, Lawrence presentó a Feisal un plan muy audaz. Los turcos tenían docenas de barcos de la armada vigilando Aqaba desde la orilla del mar, así que el británico propuso que un grupo de soldados árabes cruzara el desierto y atacara Aqaba desde tierra, ya que estaba menos fortificada. Lawrence creía que el control de la ciudad ejercería una presión adicional sobre el ejército otomano y permitiría a los británicos enviar ayuda a sus aliados árabes. A Feisal le gustó el plan y estuvo dispuesto a atacar Aqaba.

Lawrence y el líder de la tribu siria Auda Abu Tayih dirigieron una tropa de cincuenta árabes y se dirigieron a Aqaba. Era una aventura arriesgada. Incluso los superiores británicos de Lawrence no la aprobaban y querían que esperara. Sin embargo, el ejército árabe demostró que estaban equivocados. Causaron graves pérdidas en las líneas enemigas creando desvíos y volando vías de ferrocarril.

Lawrence llevó 22.000 lingotes de oro británicos para convencer a soldados de diferentes tribus de unirse a ellos. Así amplió su ejército a quinientos hombres. Tras un largo viaje de dos meses, Lawrence y el ejército árabe llegaron a Aqaba.

Los turcos se vieron seriamente superados en número y se asustaron, ya que no esperaban que el ejército árabe fuera tan grande. Siguiendo las órdenes y estrategias de Lawrence, los árabes rodearon a los turcos y les dispararon desde todas las direcciones. Sin embargo, los árabes no lograron causar daños significativos a los turcos, lo que frustró a Lawrence. Además, era un día de calor abrasador y Lawrence sufrió un golpe de calor (aunque algunos dijeron que lo fingió), por lo que abandonó su puesto para ir a por agua.

Auda se enfadó con Lawrence y lo regañó por abandonar su puesto. Lawrence respondió que los hombres de Auda habían estado disparando durante horas y solo habían alcanzado a un par de turcos. Aunque Auda se sintió insultado, las palabras de Lawrence lo motivaron a él y a sus hombres a subir a sus caballos y camellos y atacar con rabia a los turcos. Cuando Lawrence volvió al frente, seguían disparando a los turcos, pero esta vez estaban más decididos que nunca. Derrotaron a los turcos, matando a muchos y tomando al resto como prisioneros.

La batalla de Tafilah

Tafilah era una ciudad que unía Ammán con el Mar Rojo. La batalla de Tafilah cambió el rumbo de la guerra en Oriente Próximo. Durante la batalla, Lawrence y los ejércitos árabes destruyeron un batallón otomano. Lawrence siguió su famosa estrategia de batalla causando graves daños al ejército enemigo, matando a miles de turcos y perdiendo solo cincuenta hombres. Esta batalla le valió a Lawrence un gran reconocimiento y fue condecorado con la Orden de Servicios Distinguidos.

Los esfuerzos de Lawrence y su éxito militar en ambas batallas demostraron a los árabes que era el hombre adecuado para llevarlos a la victoria.

Lawrence y la cultura beduina

Los beduinos, *bedu* en árabe, son árabes que viven en el desierto. Proceden de muchos países árabes como Egipto, Libia, Túnez, Argelia, Sudán, Marruecos, Yemen, Irak, Arabia Saudí, Jordania, Palestina y Siria.

Lawrence pasó dos años con los beduinos, aprendiendo sobre su cultura. Utilizó estos conocimientos para generar confianza entre los líderes de la tribu. A juzgar por las notas que dejó, se interesó por ellos y por sus vidas. En su cuaderno, describía con detalle una cena compartida, describiendo la forma de las alfombras, el color del café y el tamaño de los utensilios. La minuciosa descripción reflejaba la fascinación de Lawrence por los beduinos y su cultura.

Lawrence influyó en los beduinos y les ayudó a pasar de ser tribus nómadas que vagaban sin rumbo por el desierto de Arabia a un fuerte ejército guerrillero que luchó y derrotó a los turcos. Además de la batalla de Aqaba, los beduinos desempeñaron un papel fundamental en muchas otras batallas importantes.

Aunque Lawrence tenía un carácter fuerte, sabía que no podía ganarse a los orgullosos beduinos dándoles órdenes. En cambio, se ganó su respeto siendo un guerrero valiente que los inspiraba en la batalla.

Lawrence confiaba en los beduinos y consiguió ganarse su confianza. Escribió 27 consejos inspirados en sus interacciones y su vida con ellos para ayudar a otros oficiales británicos que entraran en contacto con ellos.

Consejos de Lawrence sobre los beduinos

- Prepare su primera impresión y cuide todo lo que dice y hace hasta que se haya ganado la confianza de una tribu. Entonces podrá hacer lo que le plazca.
- Evite darles instrucciones u órdenes. Su único trabajo es aconsejar al jefe de la tribu.

- No converse con un beduino hasta que lo conozca bien a él y a su cultura para evitar malentendidos.
- Trate a su subjefe con amabilidad, pero entienda que no están al mismo nivel.
- Trate a los jefes de tribu con respeto y ellos lo tratarán de la misma manera.
- Sea humilde y mantenga un comportamiento tranquilo y educado.
- Llame a todos por su nombre excepto al Sharif. Llámale «Sidi».
- Conserve su sentido del humor. Lo necesitará.

Lawrence afirmó que sus directrices se aplicaban no solo a los beduinos, sino a toda la humanidad, pues son verdades universales.

Tras la guerra y el regreso de Lawrence a Gran Bretaña, el oficial presentó unos documentos en los que detallaba su experiencia en Oriente Próximo. Incluyó sus aventuras con los beduinos, reflejando el impacto que tuvieron en él. También utilizó su fama para abogar por ellos.

Atuendo beduino de Lawrence

Si se observan fotografías de Lawrence, lo normal es que lleve un atuendo beduino tradicional. Era raro que un soldado británico se desprendiera de su uniforme y adoptara las ropas de una nueva cultura. Sin embargo, Lawrence no era un hombre corriente. Cuando el escritor estadounidense Lowell Thomas publicó fotos suyas vestido de beduino, el público británico se llenó de interés y curiosidad. Todo el mundo quería saber qué llevaba a un oficial británico a vestirse así.

El cuadro de Lawrence lo muestra con atuendo beduino

Lawrence dijo que el príncipe Feisal le sugirió que vistiera ropas árabes. El príncipe le explicó que con ese atuendo se sentiría más cómodo y experimentaría la vestimenta tradicional de los árabes. Feisal le dijo que los líderes de las tribus se relacionarían con él si vestía como ellos. Confiarían en él y le tratarían como a uno de los suyos.

Lawrence no lo dudó y se vistió como los árabes a los que llegó a amar. Era una señal de respeto y admiración por las tradiciones y costumbres árabes.

Los oficiales de hoy en día pueden aprender mucho de Lawrence. Deberían estudiar sus técnicas de guerra de guerrillas y aprender cómo las utilizaba para derrotar a sus enemigos. Sin embargo, uno de los mayores logros de Lawrence fue establecer una relación con los árabes.

Durante las guerras, la gente se aleja de otros para evitar situaciones que pueden nublar el juicio. Lawrence, en cambio, se centró en acercarse a las personas, y estas se convirtieron en sus amigos y aliados de confianza. Tanto si se preocupaba de verdad por los árabes como si fingía, nadie puede negar que Lawrence triunfó dentro y fuera del campo de batalla y se convirtió en una leyenda.

La historia de Lawrence de Arabia vivirá para siempre: el soldado británico dividido entre su deber y la gente con la que conectaba y que le importaba de verdad.

Capítulo 3: Edith Cavell: el ángel de la misericordia tras las líneas enemigas

Este capítulo relata la valentía de la enfermera Edith Cavell en la Bélgica ocupada, su rol en el establecimiento de una red para ayudar a escapar a más de doscientos soldados aliados, su dedicación para tratar a los soldados heridos independientemente de su nacionalidad, y su posterior captura y ejecución. Más allá de la indignación internacional por su muerte y el impacto que tuvo en el sentimiento bélico, se cuenta su singular filosofía sobre la enfermería como un deber que trasciende las lealtades nacionales y cómo influyó en sus decisiones durante la guerra.

La enfermera Edith Cavell participó en la huida de doscientos soldados aliados
https://commons.wikimedia.org/wiki/File:Edith_Cavell.jpg

Primeros años de Edith Cavell

Hija de un vicario, Edith Cavell fue educada con sólidos valores morales que determinaron su trayectoria vital. Nació en 1865 en Swardeston, como la mayor de cuatro hermanos. Tras terminar la escuela, buscó trabajo como institutriz. Trabajó con varias familias, primero en el Reino Unido y luego en Bélgica, y sus empleadores destacaron su carácter compasivo y cariñoso. En 1895 ayudó a su padre a recuperarse de una grave dolencia y en ese momento descubrió su verdadera vocación: la enfermería. Poco después, entró a formar parte del personal de enfermería del Royal London Hospital de Whitechapel y se formó con una de las colegas y amigas de Florence Nightingale, la matrona Eva Lückes. Tras completar su formación, trabajó en varios hospitales británicos. Cuando regresó a Bruselas para cuidar al hijo enfermo de una amiga, Cavell ya era muy conocida en Bélgica y su fama y experiencia le valieron una invitación para convertirse en la matrona de la primera escuela oficial de enfermería de Bélgica, L'École Belge d'Infirmières Diplômées. En 1910, Edith Cavell ya formaba a enfermeras en numerosas escuelas, guarderías y hospitales de toda Bélgica y lanzó la destacada revista de enfermería, *L'infirmière*.

Primera Guerra Mundial

Cavell se enteró del comienzo de la Primera Guerra Mundial mientras visitaba a su madre en el Reino Unido. Antes de que la guerra llegara a Bélgica, ya estaba de vuelta en Bruselas, ofreciendo sus servicios como enfermera en donde se necesitara. Aunque dejó temporalmente su puesto de directora de la escuela de enfermería, pronto regresaría. Además, envió a sus alumnas alemanas y holandesas a casa, sabiendo que allí las necesitaban, igual que a ella la necesitaban los heridos en Bélgica.

El 4 de agosto, Gran Bretaña, apoyada por Rusia y Francia (los tres países eran conocidos como los aliados y sus tropas como los soldados aliados), declaró la guerra a Alemania, y la guerra llegó a Bélgica. Cuando los soldados alemanes invadieron Bruselas, los heridos acudieron en masa a la institución en la que trabajaba Edith Cavell. Tras ser instada por el Dr. Antoine Depage, fundador y principal mecenas de la escuela, Edith regresó a L'École Belge d'Infirmières Diplômées. La escuela funcionaba como hospital de la Cruz Roja y acogía a soldados heridos de todos los bandos, aliados e invasores. Cavell se ocupaba de todos, independientemente de su nacionalidad. Animó a otras enfermeras a no tener preferencias, considerando que su deber de cuidar las vidas de los heridos era lo más importante, independientemente de las circunstancias.

Mientras algunas enfermeras británicas regresaban a casa antes de la batalla de Mons, Cavell y su fiel ayudante, la enfermera Wilkins, se quedaron cuidando de los heridos. Al comenzar la batalla el 23 de agosto, los soldados británicos se dieron cuenta de que los superaban en número y se vieron obligados a retirarse. Sin embargo, durante la precipitada retirada surgió confusión y muchos soldados británicos quedaron aislados de la ruta de seguridad. Aunque al principio encontraron refugio en casas de samaritanos locales, los alemanes pronto descubrieron su ubicación y los ejecutaron a ellos y a quienes los hospedaban.

Organización de la huida

Al verla como neutral, los alemanes no se preocuparon por Edith Cavell ni por otras enfermeras británicas que trabajaban con ella. En cambio, se dieron cuenta de que estas enfermeras atendían a los soldados alemanes con tanta compasión como a los heridos de las tropas belgas o aliadas. Fue una decisión de la que más tarde se arrepintieron porque Edith Cavell y su equipo de enfermeras no eran tan neutrales o imparciales como parecían.

Cavell se enteró de que había soldados británicos aislados tras las líneas enemigas cuando dos de ellos llegaron a su escuela de formación. Estaban heridos y necesitaban refugio, así que Cavell hizo lo que consideró correcto y les permitió esconderse allí durante dos semanas, a pesar de saber lo que ocurriría si los alemanes se enteraban. Además, les ayudó a cruzar la frontera con Holanda, que era un país neutral. Pronto, otros soldados británicos se enteraron de este refugio y de la posibilidad de recibir ayuda para escabullirse a través de la frontera. Cuando llamaron a la puerta de la escuela (utilizando la contraseña «yorc»), los ayudaron a ponerse a salvo. Cavell pidió a uno de los soldados del regimiento de Norfolk, al que envió a la frontera holandesa, que entregara una carta suya a su madre en Norfolk.

Pronto, Edith Cavell se convirtió en una de las piezas clave de una compleja línea de vida clandestina establecida para los refugiados aliados. El príncipe Reginald de Croÿ contribuyó a sus esfuerzos ofreciendo su casa, el castillo de Bellignies, en Francia, como refugio y punto de encuentro. Proporcionó a los soldados aliados documentos falsos y los puso en camino hacia los refugios de Bruselas, incluida la escuela de formación de la enfermera Cavell. Cavell y otras personas voluntarias para acoger a los refugiados les proporcionaron dinero y suministros suficientes para llegar a la frontera, donde les esperaban otros guías. Los refugiados fueron guiados desde Bruselas por hombres como Philippe Baucq, quien, con la ayuda de Edith Cavell, ayudó a doscientos soldados aliados a ponerse a salvo más allá de la línea de ocupación alemana. Edith y sus compañeros continuaron esta operación clandestina durante nueve meses antes de que las cosas se complicaran.

Mientras tanto, Edith Cavell y sus enfermeras se enfrentaban a un doble dilema. Por un lado, como empleadas de la Cruz Roja, se suponía que debían seguir siendo neutrales en la guerra, cosa que ya no eran. Además, si los alemanes se enteraban de que ayudaban a soldados aliados, las matarían sin dudarlo. Al final, tras sopesar las consecuencias de sacrificar su conciencia y posiblemente su vida frente al acto de guiar a la gente a un lugar seguro, Edith decidió mantenerse fiel a esto último. Era una humanitaria de corazón y, más allá de preocuparse por las nacionalidades, consideraba que proteger y ocultar a quienes corrían peligro de muerte era una causa justa y moral.

Aunque anotaba sus dilemas en su diario (que guardaba bajo la almohada), la enfermera Cavell no dejó rastro de sus actividades ilegales. Incluso cuando un informante belga de los alemanes registró su escuela de formación (en aquel entonces los alemanes no estaban tan despistados sobre la ubicación de los refugiados como Cavell y los demás anfitriones pensaban), se mantuvo tranquila y serena porque sabía que no encontrarían ninguna prueba incriminatoria contra ella o sus enfermeras. Estas últimas no estaban informadas de las actividades de Cavell, por lo que no serían incriminadas. Aunque notaban que se había vuelto retraída, sus colegas pensaban que Cavell simplemente estaba preocupada por los acontecimientos de la guerra.

En realidad, estaba preocupada haciendo malabares con la operación clandestina (tenía que encontrar más formas de financiarla) y dirigiendo su escuela de formación como de costumbre para no levantar sospechas. También se le encargó supervisar la construcción de una nueva escuela de enfermería. Sin embargo, a pesar de todas sus obligaciones, estaba decidida a seguir ayudando a los refugiados. Además, cuando los dueños de su escuela se enteraron de que los alemanes sospechaban que albergaba a soldados aliados y les ayudaba a escapar, se mostraron muy preocupados.

Detención y encarcelamiento

Desde el momento en que las autoridades alemanas sospecharon de la participación de Edith Cavell en las operaciones clandestinas contra la ley militar alemana, estuvo sometida a un intenso escrutinio. Finalmente, fue traicionada por un colaborador francés, Georges Gaston Quien, y arrestada junto con numerosos refugiados. Tras un agotador interrogatorio de 72 horas en el que los soldados alemanes no escatimaron en formas para intimidarla, Cavell admitió haber ayudado a casi doscientos soldados aliados para alcanzar la seguridad de la frontera holandesa y haberles dado cobijo durante semanas.

Sin embargo, su confesión se obtuvo mediante engaños. El 8 de agosto de 1915, a Cavell le dijeron que solo tenía que confirmar su participación (indicando que ya disponían de esa información) y que, si lo hacía, sus aliados serían perdonados. Creyó a los investigadores alemanes, firmó su confesión y fue trasladada a la famosa prisión belga de Saint Gilles, donde pasó diez semanas, incluyendo catorce días en régimen de aislamiento.

A finales de agosto, el embajador estadounidense en Bélgica, Brand Whitlock, se enteró del encarcelamiento de Cavell y se interesó por los cargos que se le imputaban. Sin embargo, el barón von der Lancken, ministro político alemán destinado en Bruselas que recibió la carta, no contestó. Durante su encarcelamiento de diez semanas, Edith Cavell escribió varias cartas a su escuela y a su familia. Recibió flores y material de bordado de sus compañeras enfermeras para tener algo en lo que ocuparse dentro de su solitaria celda de detención. Aunque al principio se sentía incómoda por dejar atrás el ajetreo al que estaba acostumbrada, Cavell consideró valioso el tiempo que pasó en prisión. Por fin tenía tiempo para sí misma, así que pasó sus últimos días leyendo, reflexionando y rezando, esperando en silencio la inevitable sentencia de muerte que sabía que iba a recibir.

Juicio y sentencia

Menos de dos meses después de su detención y confesión, Edith Cavell y los demás anfitriones de la red clandestina de refugiados (35 hombres y mujeres) comparecieron ante el tribunal militar alemán en la Cámara del Senado belga. Decidida a no deshonrar a la profesión de enfermera,

Cavell compareció vestida de civil. Cuando se la acusó de guiar a los soldados hacia los enemigos de Alemania, alegó que su intención no era ayudar al enemigo, sino a quienes intentaban llegar a la frontera holandesa. El juicio fue breve y a los acusados no se les permitió representación legal. Tras dos días de deliberaciones, el general von Sauberzweig, gobernador militar alemán de Bruselas, decidió su destino. Cegado por el rencor debido a que su hijo había resultado gravemente herido luchando contra soldados británicos, el general no tuvo piedad a la hora de decidir. Edith y otros seis anfitriones recibieron la pena de muerte. Los demás pasarían muchos años en prisión. Para entonces, la indignación por la detención y juicio de Cavell había provocado movimientos diplomáticos de varios países neutrales como Holanda, España y Estados Unidos. Pero su petición de clemencia llegó demasiado tarde para Edith Cavell y una de sus compañeras. El general von Sauberzweig no quiso escuchar las súplicas y, deseoso de acabar de una vez con lo que consideraba una molestia, ordenó la pronta ejecución de los condenados a muerte. Ninguno de los diplomáticos que pedían clemencia tenía poder para contradecirlo y el tiempo se había acabado. La fecha de ejecución se fijó para el día siguiente.

Conocimiento de su destino y ejecución

La enfermera Cavell recibió la noticia de que le quedaban pocas horas de vida con la misma calma estoica con la que había llevado a cabo su operación de cuidados y su red de escape. Hablando con el capellán en su última noche de vida, reveló que después de haber trabajado con personas tan cerca de la muerte durante toda su vida, no tenía miedo de morir. Agradeció el tiempo que tuvo para reflexionar sobre su pasado y la amabilidad de las personas que la rodearon durante sus últimos días. No lamentó que su espíritu patriótico la llevara a la muerte. Estaba contenta de haber ayudado a los heridos y a quienes buscaban la libertad. Tampoco guardaba rencor a los alemanes ni a los confidentes que la habían traicionado. Su último deseo no era ser recordada como una mártir, sino como una enfermera que cumplió con el deber de salvar vidas de buena fe y sin discriminación. A la mañana siguiente, completó su diario anotando como fecha de su muerte el 12 de octubre de 1915.

Edith Cavell y su amigo y colega Philippe Baucq fueron conducidos desde las celdas de la prisión de Saint Gilles, al otro lado de Bruselas, hasta el Campo de Tiro Nacional Belga. Frente al pelotón de fusilamiento alemán, sus sentencias fueron leídas en voz alta en medio de los llorosos gritos del indignado público (incluidas las compañeras de enfermería de Cavell). Las lágrimas llenaron los ojos de Cavell antes de que se los vendaran, pero caminó valientemente hasta el puesto de ejecución, donde murió inmediatamente después de recibir los disparos.

Las secuelas

Las esperanzas del general von Sauberzweigs de dejar atrás el asunto de Edith Cavell mediante una rápida ejecución duraron poco. Al morir ante el pelotón de fusilamiento alemán por ayudar a sus compatriotas (y a pesar de sus deseos de ser recordada como enfermera), Edith Cavell se convirtió en una mártir. A los ojos del mundo, los alemanes habían ejecutado a una heroína, noticia que fue recibida con una condena generalizada.

El principal motivo de la intensa condena fue la amplia cobertura que la prensa dio a la detención de Cavell y a los actos desinteresados que había realizado. Incluso escritores alemanes hablaron bien de ella, como fue el caso del doctor Benn, un jefe médico alemán que pidió presenciar el juicio y la ejecución de Cavell. Comentó que, además de haber recibido la orden de asistir, estaba interesado en seguir el juicio después de haber hablado con la enfermera Cavell. Durante su conversación, le pareció una mujer excepcionalmente valiente, merecedora del título de heroína con el que Gran Bretaña la honró tras su muerte. Como describió el doctor Benn, Edith Cavell afrontó su muerte con una entereza que solo tienen quienes están en paz consigo mismos. Aun así, como alemán, el doctor estaba de acuerdo con su castigo, ya que había cometido un delito grave según la ley militar alemana. También le correspondió verificar su muerte y colocar su cuerpo en un ataúd, tras lo cual fue enterrada inmediatamente allí mismo, en el campo de tiro. Se utilizó una sencilla cruz de madera para marcar su tumba (partes de esta cruz se transportaron posteriormente con su cuerpo a Norfolk y se conservan en la iglesia de su ciudad natal).

El error de cálculo del general von Sauberzweig le costó caro a él y al ejército alemán. Aunque no pudo salvarla, la embajada estadounidense se aseguró de que la noticia de la ejecución de Edith Cavell tuviera la mayor difusión posible. Cuando la prensa se hizo eco de la noticia, los alemanes se dieron cuenta de su error. Aunque estaban acostumbrados a tomar decisiones militares rápidas (especialmente en tiempos de guerra) y no pensaban que la muerte de una enfermera causaría indignación, no calcularon que su muerte se utilizaría como propaganda contra ellos. Utilizando el martirio y la injusta muerte de Cavell (precedida de un juicio sin representación legal), los países aliados pudieron presentar a los alemanes como auténticos monstruos. Aunque esto iba en contra de los deseos de Cavell, fue una manera de asegurarse de que nunca se olvidaran sus actos valientes ayudando a los necesitados.

Algunos sostienen que la ejecución de Cavell tuvo un enorme papel en el hecho de que Estados Unidos abandonara su posición neutral y se uniera a la guerra contra Alemania. Sea cierto o no, el suceso influyó en las opiniones del país natal de Cavell. Tras su muerte, se duplicó el número de compatriotas británicos que respondían a los programas de reclutamiento del ejército durante ocho semanas seguidas.

Aunque los alemanes se dieron cuenta demasiado tarde de que su general había causado un daño irreparable a su reputación (y posiblemente perjudicado sus avances en la guerra), declararon que no se ejecutaría a ninguna otra mujer sin una investigación exhaustiva del propio Kaiser. También aceptaron las peticiones de clemencia presentadas en nombre de Louise Thuliez, la condesa Jeanne de Belleville y Louis Severin, los otros anfitriones del refugio condenados a muerte.

Al finalizar la Gran Guerra, Edith Cavell recibió a título póstumo de la «Cruz de la Orden de Leopoldo» del rey Alberto I de Bélgica, la «Croix Civique» del gobierno belga y la «Légion d'Honneur» del gobierno francés.

El regreso de Edith Cavell

El 17 de marzo de 1919, el cuerpo de Edith Cavell fue exhumado de su tumba en el campo de tiro y dos meses más tarde fue trasladado a la Gare du Nord de Bruselas en un carruaje militar. En su último viaje a Bélgica, Cavell fue escoltada por un destacamento de tropas británicas enviado desde Colonia, que fue flanqueado por las masas que deseaban expresar su admiración por la heroína y darle su último adiós. Tras un breve oficio celebrado en su honor en la Gare du Nord, el féretro de Cavell fue transportado al puerto de Ostende. Desde allí, fue cargado en el HMS Rowena, el buque de la Royal Navy que lo llevó a través del Canal de la Mancha hasta el puerto de Dover. Varios oficiales británicos custodiaron el ataúd durante todo el viaje.

A la llegada de su cuerpo a Dover, la St Mary's Society of Change Ringers honró a Edith Cavell tocando consecutivamente durante tres horas y tres minutos. Su féretro fue colocado en un vagón funerario reforzado y custodiado en Dover durante la noche por razones de seguridad, antes de ser transportado a Londres al día siguiente durante las horas diurnas. Todos reconocieron la importancia de la enfermera Cavell cuando el tren que transportaba sus restos llegó a la estación Victoria. Cuando el tren pasaba junto a ellos, los hombres que cuidaban sus campos se quitaban los sombreros en un saludo silencioso a su valiente heroína. Cuando el tren llegó a Londres, fue recibido por una masa de enfermeras, que caminaban delante del vagón que transportaba el féretro a la Abadía de Westminster. Las flanqueaban soldados de todos los rangos y civiles que querían rendir homenaje a la enfermera. Como destacaría después la prensa de todo el mundo, la enfermera Edith Cavell recibió un homenaje que rivalizaba con el de los guerreros triunfantes. A su funeral en la Abadía de Westminster asistieron numerosos políticos y miembros de la realeza que querían mostrarle el respeto que se merecía. Edith Cavell fue enterrada en Norwich.

Capítulo 4: Alvin York: el francotirador de Tennessee

Este capítulo se centra en Alvin York, uno de los mejores francotiradores de la Primera Guerra Mundial, de quien se cree que ejecutó por su cuenta a más de 130 soldados alemanes. Para comprender la importancia real de este acto heroico, el capítulo comienza describiendo la reticencia inicial de York a luchar debido a sus creencias religiosas y su posterior transformación en el campo de batalla.

Alvin York, uno de los mejores tiradores de la Primera Guerra Mundial
https://commons.wikimedia.org/wiki/File:Alvin_C._York_1919.jpg

A continuación, se exponen las tácticas de Alvin York durante el enfrentamiento de Châtel-Chéhéry en el bosque de Argonne, Francia, el 8 de octubre de 1918 y se relata cómo York, un hábil tirador con vasta experiencia de sus días de caza en las montañas de Tennessee, se encargó de neutralizar la amenaza.

Los humildes orígenes de Alvin York

Nacido en el seno de una familia de granjeros en las montañas de Pall Mall, Tennessee, en 1887, Alvin Cullum York creció en un contexto duro. Sus padres pasaron necesidades económicas viviendo en una zona aislada y criando a once hijos. Como muchos niños en su situación, Alvin dejó la escuela a una edad temprana y trabajó para llevar dinero a casa. Comenzó a trabajar en la herrería de su padre. Cuando este falleció, en 1911, la familia se vio sumida en una profunda pobreza. Al ser el tercer hijo y el mayor de los varones, Alvin asumió la responsabilidad de mantener a su familia aceptando numerosos trabajos en los alrededores de Pall Mall. Uno de estos trabajos era la caza, que le permitió convertirse en un tirador muy hábil. Disparar era algo que también le gustaba hacer en su tiempo libre mientras exploraba las montañas de Tennessee y cazaba. Otras de sus aficiones eran el juego y la bebida, lo que le granjeó notoriedad en los pueblos vecinos. Al jugar borracho, a menudo perdía mucho dinero, lo que aumentaba la tensión económica de su familia.

Aunque evitó ir a la iglesia durante su infancia y en sus primeros años de edad adulta, su participación en una asamblea de la Iglesia de Cristo en Unión Cristiana en 1914 bastó para cambiar sus puntos de vista y transformar su vida. Pronto se hizo miembro de esta pequeña congregación y le convencieron para que adoptara el código moral de la iglesia, que prohibía la violencia. Describió su nuevo estado como una transformación radical, que le permitió cambiar su vida para mejor. Tras adoptar plenamente el pacifismo, Alvin York avanzó rápido en su espiritualidad y llegó a convertirse en el segundo al mando de su iglesia. El antes conocido como granuja se convirtió en un gigante apacible (tenía una formidable fama de pesar 90 kilos y medir 1,80 metros) que solo se esforzaba por vivir en paz y ganar lo suficiente para mantener a su familia.

Su fe se pone a prueba

La fe de Alvin York fue puesta a prueba radicalmente dos años después de encontrarla. Para entonces, la Primera Guerra Mundial ya llevaba tres años en marcha y las historias de destrucción monumental y pérdida de miles de vidas habían llegado a Estados Unidos. EE.UU., que permaneció neutral hasta 1917, se unió a la guerra y comenzó el reclutamiento para el servicio militar. Tras oír hablar de los horrores de los campos de batalla europeos, York quería evitar la guerra, pero no tuvo elección: alistarse en el servicio militar era obligatorio. Pronto, York recibió la notificación para el servicio y se enfrentó a un dilema moral. Aunque su impulso patriótico (que decía haber heredado de sus antepasados) le empujaba a coger su fusil y luchar contra los alemanes, su religión le indicaba lo contrario. Sin embargo, no presentarse al servicio militar le habría supuesto la detención, así que intentó librarse por otros medios. Su primera táctica fue explicar que su religión no le permitía participar en la guerra. Hizo su apelación dos veces y se la denegaron. Aunque el ejército de Estados Unidos admitía excepciones para las objeciones de conciencia basadas en convicciones religiosas o morales, la iglesia de York no era una rama reconocida oficialmente, por lo que sus creencias no se consideraban una razón válida para no entrar en el ejército. Su pastor también abogó en su favor, pero se denegó su petición por el mismo motivo.

A finales del otoño de 1971, York no tuvo otra alternativa que presentarse en el puesto de servicio que le habían asignado, Camp Gordon, en Georgia. York, que servía en el 328º Regimiento de Infantería de la 82ª División de Infantería, pronto se hizo famoso por su gran puntería. Aún reacio a luchar en una batalla real, hizo una última súplica a su comandante, el mayor Edward Buxton, explicándole que luchar iría directamente en contra de sus creencias. Como hombre religioso que era, Buxton no denegó inmediatamente la súplica de York. En su lugar, el comandante sentó al joven oficial y le animó a discutir sus creencias. En respuesta a las objeciones de York, Buxton utilizó escrituras que apoyaban sus puntos de vista, que se alineaban con la lucha en una guerra que ya había cobrado tantas vidas y amenazaba con cobrar muchas más.

Tras pasar horas sopesando las dos caras de la moneda, York estaba aún más confundido. Pidió a su comandante un breve descanso para pensar su decisión de luchar. Regresó a casa y se fue al monte, tan familiar para él, con la esperanza de que pasar un tiempo allí le ayudara a tomar la decisión correcta. Tras unos días de reflexión y oración, York llegó a la conclusión de que, mientras siguiera el camino que le dictaba su alma, seguiría siendo un buen hombre a los ojos de Dios, independientemente de adónde lo llevara ese camino. Aunque seguía oponiéndose a la guerra, luchar por su país estaba en consonancia con sus valores patrióticos, por lo que regresó a su batallón y se dispuso a seguir órdenes y a luchar si era necesario. Poco después, su división fue enviada a las costas francesas y entró en guerra.

Entrada en la Gran Guerra

Como miembro de la 82ª División Aerotransportada de Paracaidistas, Alvin York estaba bajo el mando del sargento Bernard J. Early. Al llegar a Normandía el 27 de junio de 1918, siendo integrada por soldados altamente cualificados, la división fue trasladada inmediatamente al frente de batalla. Fueron desplegados en la operación militar más extensa de los Estados Unidos durante la Gran Guerra (como se conocía entonces), la ofensiva Mosa-Argonne. York y dieciséis hombres de la unidad recibieron el encargo de apoderarse de dos cargamentos que llegaban a través del ferrocarril, una tarea que no habría sido fácil incluso si los hubieran guiado correctamente hasta su destino. La unidad de York recibió un mapa francés y ninguno de sus miembros supo leerlo correctamente, por lo que se perdieron y acabaron aislados tras las líneas enemigas. Allí se encontraron con una pequeña unidad de soldados alemanes. Aunque vencieron fácilmente a los alemanes, sus problemas hasta ahora empezaban y los acontecimientos que siguieron ayudaron a Alvin York a entrar en la historia como uno de los mayores héroes de guerra de la historia de Estados Unidos.

Los alemanes capturados sabían que seguían en su territorio, así que pidieron refuerzos. El refuerzo que llegó era un batallón de ametralladoras que los estadounidenses no habían visto antes porque estaba al otro lado de una espesa maleza. Los alemanes capturados gritaron hasta que sus compañeros acudieron en su ayuda y, el 8 de octubre de 1918, York y su división se encontraron bajo un feroz ataque de ametralladoras alemanas. Además de marchar y disparar sus ametralladoras fortificadas, los soldados alemanes también atacaron con gas, matando inmediatamente a nueve miembros de la unidad estadounidense. Como York describió en su diario (donde registró diligentemente los acontecimientos de la guerra), sus compañeros cayeron en el ataque como espigas de hierba ante un cortacésped. Como su sargento estaba entre los caídos, York, que era el siguiente en la línea de mando, tomó el control. Ordenó a sus hombres que se pusieran a cubierto y se concentraran en devolver el fuego lo mejor que pudieran. Esto enfureció aún más a los alemanes, que dispararon contra los estadounidenses desde todas las direcciones. Alvin York permaneció donde estaba y, como la mayoría de las ametralladoras le apuntaban a él, se enfrentó a ellas, una por una.

Su experiencia como cazador

Utilizando su fiel rifle y los conocimientos adquiridos cazando en las montañas de Tennessee, York se acercó lentamente a las ametralladoras. Resultó ser una táctica eficaz, ya que era un tirador extraordinario. Avanzando despacio y con calma, York eliminó a un soldado alemán con cada disparo, sin cometer errores. Todo lo que tenía que hacer era esperar a que levantaran la cabeza y disparar. Sabía que ni él ni sus hombres estarían a salvo hasta que derribara las ametralladoras. Calculó que los alemanes tenían unas 30 ametralladoras, así que le quedaban unas cuantas más por atravesar.

A pesar de la inferioridad numérica, los estadounidenses, especialmente York, sorprendieron a los alemanes con su ataque relámpago y su capacidad para disparar con una precisión aterradora. Sin embargo, al cabo de un rato, los soldados alemanes se dieron cuenta de que solo un soldado estadounidense estaba diezmando sus filas y que trabajaba lentamente. Así, unos cuantos alemanes devolvieron el ataque y, cargando hacia delante, intentaron derribar a York con sus bayonetas. Para entonces, a York solo le quedaba medio cargador en su fusil, pero su pistola estaba completamente cargada y lista para disparar. A la velocidad del rayo, sacó la pistola y disparó a los hombres que cargaban contra él. Una vez más, no falló ni un solo disparo. Al ver a sus hombres caer ante sus ojos, el resto de la unidad alemana pensó que el tirador estadounidense solitario tenía refuerzos. Después de todo, ¿cómo podría alcanzar las ametralladoras y matar al grupo de soldados que cargaban contra él sin ser alcanzado ni una sola vez? Los alemanes pensaron que tenía ayuda para eliminar la ametralladora y se negaron a creer que lo hubiera hecho él solo.

Pensando que se enfrentaban a una gran unidad estadounidense y no dispuestos a perder más hombres, los alemanes se rindieron. Tras rendirse, el comandante de la unidad alemana ordenó a su comandante de habla inglesa que facilitara el proceso y siguió a los estadounidenses de vuelta a sus líneas. A medida que avanzaban, otros grupos alemanes, posiblemente pensando que estaban rodeados por más estadounidenses, se rindieron al grupo de York. Cuando salió del bosque y se acercó a las líneas estadounidenses, habían capturado a tantos soldados alemanes que York temió que su propia artillería abriera fuego contra ellos, confundiéndolos con una unidad alemana que preparaba un contraataque. Afortunadamente, esto no ocurrió. El teniente Woods, el soldado que recibió a la unidad de York que regresaba, quedó asombrado por el logro de York como comandante encargado, especialmente cuando se enteró de que había hecho la mayor parte del trabajo solo. Woods contó 132 soldados alemanes y comentó en broma que York había capturado un pequeño ejército alemán. En tono igualmente desenfadado (que no reflejaba sus sentimientos), York replicó que solo había abatido a unos pocos alemanes. Según sus relatos y los recuerdos de los seis soldados supervivientes de su unidad, además de capturar a 132, York también mató 25 y 35 soldados alemanes, incluidos los que manejaban las ametralladoras.

Secuelas

A pesar de documentar todo lo relacionado con el suceso, incluido su posterior ascenso a sargento, York nunca mencionó nada de su acto heroico a su familia mientras estuvo en el extranjero. Les escribió con frecuencia hablando de muchos temas, pero nunca alardeó de sus hazañas. Su familia se enteró de las acciones de York después de leer sobre los acontecimientos de la ofensiva Mosa-Argonne en el *Saturday Evening Post*. La publicación, en la que se detallaba la valerosa forma en que York había derribado al menos treinta ametralladoras alemanas y capturado prácticamente sin ayuda a un grupo numeroso de soldados más allá de la línea enemiga, convirtió a Alvin York en un héroe nacional.

Más tarde, York fue acusado de mentir acerca de haber abatido él solo al batallón de ametralladoras. Alegando que era imposible conseguirlo con solo un rifle y una pistola, sus acusadores argumentaron que el sargento Early había abatido al menos a la mitad de los hombres, ayudando a York. Dijeron que Early murió mucho más tarde de lo que York afirmaba y lanzaron una protesta para que no se concedieran a York los reconocimientos que recibiría por sus logros. El ejército de los Estados Unidos abrió una investigación, pero confirmó la versión de

York, desacreditando las afirmaciones de sus acusadores. Al regresar a casa, York recibió la Medalla de Honor de la nación, la Médaille Militaire, la Cruz de Servicios Distinguidos y muchas otras condecoraciones por su valentía. Estaba rodeado de una enorme atención pública, lo que le incomodaba. Comparaba a los que buscaban una entrevista con él con depredadores que acechan a su presa. En lugar de disfrutar de una buena caminata por las montañas de Tennessee, como había planeado tras su regreso, se vio empujado a un centro de atención que nunca había buscado.

Más allá de la publicación de su heroico logro en la prensa, York fue honrado por los miembros de la Bolsa de Nueva York, que suspendieron sus operaciones para invitarlo a sus negocios y llevarlo en hombros por las calles. En mayo de 1919, el Congreso honró a York con una asombrosa ovación de pie. Recibió muchas ofertas para aparecer en público, desde conferencias hasta actuaciones. Las rechazó todas de inmediato, pues consideraba que vender su historia a través de apariciones públicas deshonraba su servicio militar.

Años posteriores y legado

En lugar de aceptar las lucrativas propuestas que le ofrecían, Alvin York regresó a su apacible vida en Tennessee. Se casó y trabajó en la granja que recibió del estado (uno de los pocos premios que aceptó además de sus medallas), además de seguir practicando la caza y la herrería. Fiel a su religión, York se dedicó a la predicación laica y a la enseñanza en una escuela dominical.

Poco a poco fue aceptando que su vida nunca sería tan apacible como había esperado en un principio y abrazó el entorno industrial al que se vio abocado. Aunque rara vez hablaba del acontecimiento que le había llevado a la fama, sí utilizó su fama para recaudar fondos para la Escuela Industrial de Jamestown que lleva su nombre. York dio clases y fue presidente de un instituto creado para los niños de las montañas que vivían en las zonas rurales de Tennessee. Creó el Instituto Agrícola York en Jamestown, que pretendía educar a los jóvenes de su pueblo natal, Pall Mall.

A menudo lo visitaban periodistas de todo el país, políticos que esperaban utilizar su nombre en sus campañas y guionistas de Hollywood que querían comprar los derechos de su historia. Aunque recibía a todos en su granja, siguió rechazando las ofertas hasta mucho más tarde, cuando los ejecutivos de Hollywood lo convencieron de que aprobara la realización de una película sobre sus actos heroicos.

La película *Sargento York* (1941) se basó únicamente en la batalla francesa, aunque él suponía que podría contar también lo que le costó llegar hasta allí y todo lo que había hecho desde que regresó a casa. La Segunda Guerra Mundial ya estaba activa cuando se estrenó la película, lo que influyó aún más en la historia de York, y no solo para el público. También recordó a los militares la capacidad mortífera de las nuevas tecnologías, lo que les impulsó a encontrar formas más eficaces de superar al enemigo. Además, sus actos heroicos inspiraron a muchos jóvenes soldados a alistarse y conseguir sus propios logros sobresalientes durante la Segunda Guerra Mundial.

Al mismo tiempo, Alvin York experimentó otro beneficio de la Revolución Industrial y quiso llevarlo a su ciudad natal. Sentía la necesidad de preparar a la siguiente generación para lo que estaba por venir, para que no se sintiera aislada en las comunidades rurales. Al crecer en una pequeña comunidad formada por unas cuantas cabañas repartidas de forma dispersa por las montañas, York no había tenido acceso a tecnología ni conocimientos en su juventud. Había recurrido a la bebida y al juego porque no tenía mucho más que hacer y deseaba evitar que la siguiente generación cayera en la misma trampa.

Utilizó los ingresos y el reconocimiento adicional que le proporcionó la película para conseguir recursos con los que fomentar la educación de los jóvenes de su comunidad. Por ejemplo, ganó su batalla moral interna, dejando que sus valores lo llevaran por el camino del sacrificio desinteresado en el ejército, y continuó con sus actos desinteresados para mejorar la vida de los demás. Tras pasar el resto de su vida temiendo ser condenado a los ojos de Dios por recurrir a la violencia y matar a los soldados alemanes, se esforzó por devolver todo lo que pudo y por no dejar que sus experiencias bélicas lo definieran. Quería que su legado fuera algo más que el de un hombre que derribó sin ayuda de nadie una unidad alemana de ametralladoras fuertemente reforzadas, y llegó a alcanzar el estatus de celebridad nacional. Sin embargo, quienes conocen su verdadera historia comprenden la importancia de sus actos en su hazaña heroica y su fuerza para hacer lo que hizo a pesar de que sus creencias religiosas le instaban a hacer lo contrario.

Alvin York falleció en Nashville, Tennessee, tras una larga enfermedad. El veterano de 76 años recibió sepultura en Pall Mall, y su legado sigue perdurando en su querida ciudad natal y en todo el país. Más cerca de casa, se le recuerda como un dedicado educador que ayudó a preparar a la generación venidera para los cambios que trajo consigo la Revolución Industrial. En todo Estados Unidos y más allá, Alvin York es conocido como un héroe de guerra que demostró un valor extraordinario al enfrentarse al enemigo.

Capítulo 5: Eugene Bullard: la golondrina negra de la muerte

Además de enfrentarse a los horrores de la guerra, Eugene Bullard luchó contra los grilletes de la opresión racista. Antes de convertirse en el primer piloto de caza afroamericano de la Primera Guerra Mundial, Bullard tuvo una interesante vida navegando por el mundo a través de la opresión. Bullard llevó muchas máscaras, adoptando múltiples identidades a lo largo de su vida. Boxeador, artista ambulante, piloto, espía y activista de los derechos civiles, Bullard probó el néctar de cada aspecto de la existencia. Su heroísmo se extendió más allá de la guerra. A pesar de enfrentarse a enormes obstáculos, su inspiradora determinación es un rasgo que cualquiera que se enfrente a la adversidad debería emular.

Eugene Bullard luchó contra los grilletes de la opresión racista
https://commons.wikimedia.org/wiki/File:Eugene_Bullard_in_Legionnaire_Uniform.jpg

Bullard nunca se dejó frenar por las opiniones de los demás ni por las dificultades derivadas del color de su piel. Luchó por superar las limitaciones personales y los prejuicios para llegar a lo más alto de la sociedad europea. La vida de Bullard estuvo repleta de aventuras, obstáculos y triunfos. Es una pena que no fuera reconocido en Estados Unidos como el héroe que fue hasta después de su muerte, y por eso es crucial mantener vivo el nombre de este increíble ser humano. Los caminos que Eugene Bullard allanó dieron lugar a los brillantes talentos negros que siguieron sus pasos militares y la lucha por los derechos civiles.

Desde sus humildes comienzos como granjero hasta llegar a las altas esferas de la sociedad francesa y codearse con celebridades como Picasso y Salvador Dalí, Bullard logró lo que muchos negros de su época consideraban un sueño lejano. Las barreras de color que Bullard derribó allanaron el camino para que numerosos activistas superaran las cadenas de la opresión racial. A través de sus múltiples iteraciones como guerrero, propietario de un club nocturno, artista callejero y espía, Bullard siempre encarnó un orgullo y una dignidad que no permitieron que nadie lo menospreciara por el color de su piel. Se opuso constantemente al *statu quo* prejuicioso, despejando el camino a los afroamericanos que vinieron después de él y que lucharon por el derecho a desarrollar todo su potencial.

Como uno de los pocos pilotos negros de la Primera Guerra Mundial, Bullard forma parte de un grupo de élite que reformó el ejército. Muchos pilotos blancos de la época pensaban que un hombre negro nunca conseguiría lo que ellos podían lograr al mando de un avión avanzado, por lo que la carrera militar de Bullard fue una constante batalla cuesta arriba por el reconocimiento. El polifacético piloto no solo luchó heroicamente en el frente de la guerra, sino que también combatió en el campo de la lucha por la libertad y la igualdad. La alocada e inspiradora vida de Bullard parece una película dirigida por Quentin Tarantino, pero los escandalosos sucesos que la marcaron ocurrieron realmente. Prepárese para revivir los detalles de una de las vidas más auténticas, resistentes y aventureras de la historia. La intrigante existencia de Bullard es un testimonio de lo que se puede conseguir con confianza en uno mismo, valentía, autenticidad y un impulso inquebrantable por derribar las puertas que la gente insiste en que no pueden abrirse.

Vida temprana

Bullard nació en 1895 en Columbus, Georgia, como hijo de antiguos esclavos. El futuro se presentaba sombrío para el joven nacido en uno de los lugares más opresivos del mundo para un afroamericano. Desde muy joven, Bullard comprendió que tenía que escapar de la ciudad de hojalata que lo mantenía atrapado y así desarrollar plenamente su ilimitado potencial. Por mucho que los padres de Bullard intentaron protegerlo de las realidades racistas de la vida en el Sur, sus ilusiones pronto se hicieron añicos cuando la opresión llamó a su puerta. El padre de Bullard se peleó con un supervisor blanco en su lugar de trabajo, lo que provocó que una turba de linchadores lo atacara. No consiguieron matarlo, pero resultó gravemente herido. Incluso después de este trágico suceso, el padre de Bullard le inculcó la importancia de comportarse con dignidad a pesar de las horrendas creencias populares sobre la inferioridad de los negros que impregnaban la cultura de la época.

Tras el intento de linchamiento de su padre, Bullard intentó huir de casa varias veces. Uno de sus intentos provocó que su padre le propinara una terrible paliza por miedo a los peligros que podía correr el joven. A los 11 años, Bullard consiguió huir a pesar de los esfuerzos de su padre por impedirlo. El trauma de ver al hombre al que respetaba y amaba entrañablemente forzado a una posición tan horrible cambió para siempre la perspectiva y la percepción de Bullard sobre la comunidad sureña en la que había crecido. A la tierna edad de 11 años, sabía que viviendo en Georgia nunca sería tratado igual que sus compañeros blancos, y esta realidad no sentó bien a su espíritu ambicioso y libre. Vagó por las calles de Georgia durante cinco años, buscando desesperadamente una salida. Finalmente, conoció a una banda de gitanos ingleses que alababan a una sociedad europea más progresista que acogía a los negros.

Bullard sabía que sus sueños no se harían realidad en Estados Unidos debido a las actitudes e instituciones sociales que frenaban a los negros. Para los estándares actuales, la sociedad europea de entonces se consideraría racista, pero estaba muy por delante de Estados Unidos. Bullard estaba decidido a encontrar cualquier forma de abandonar las opresivas costas del país al que llamaba hogar en busca de mejores lugares. Fue lo bastante valiente como para lanzarse a lo desconocido, empezando de cero, sin ayuda ni familia a la que recurrir. Sin embargo, su carismático encanto, su espíritu impenetrable y su ambición desmedida construyeron una realidad que grabó su nombre en los libros de historia.

Bullard se centró exclusivamente en llegar a Europa, aunque no tenía planes para lo que haría una vez llegara. En 1912, siendo un adolescente de dieciséis años, Bullard viajó de polizón en un barco rumbo a Alemania. Se apeó en Escocia, donde enseguida se dio cuenta de que la población local lo trataba mucho mejor de los que estaba acostumbrado en Georgia. Bullard no tenía ni idea de lo que haría en este nuevo continente extranjero, pero se sentía mejor de lo que se había sentido en casa.

Desde Escocia, Bullard se dirigió a Inglaterra. Su carisma y su talento natural le permitieron desempeñar numerosos trabajos ocasionales, como artista callejero, trabajar en un muelle, ser diana en un parque de atracciones e incluso convertirse en un experto boxeador de peso ligero y medio. Bullard abandonó Inglaterra y fue a parar a Francia, un país del que se enamoró. Bullard relató cómo la democracia desarrollada y robusta de Francia hacía que blancos y afroamericanos se trataran como hermanos. Bullard había llegado al país donde forjaría su nombre militar.

Experiencias volando para Francia

A los diecinueve años, Bullard ya había vivido aventuras suficientes para varias vidas, pero su viaje hacia la excelencia solo estaba empezando. Se alistó en la legendaria Legión Extranjera Francesa para luchar contra Alemania en la guerra. Fue trasladado a otra unidad, donde resultó herido mientras intentaba entregar un mensaje a un oficial francés. Sus heridas le impidieron volver a participar en un combate terrestre. Sin embargo, fue premiado por su valentía con un apodo impresionante, «La Golondrina Negra de la Muerte», y la condecoración militar de la Croix de Guerre.

Mientras se recuperaba de sus heridas en una clínica de Lyon, conoció a un oficial del servicio aéreo francés. El oficial se encariñó con Bullard y se ofreció a ayudarle a convertirse en artillero de un avión francés. En 1916, Bullard se formó como artillero de aviones en Burdeos. Durante su entrenamiento, se enteró de la existencia de la escuadrilla La Fayette, un grupo de estadounidenses que volaban bajo bandera francesa. Sabiendo que podría haber una oportunidad de unirse a sus compatriotas en combate aéreo, obtuvo una licencia de piloto. El prestigioso equipo ganaba mucho dinero y era muy respetado entre las filas francesas, lo que animó a Bullard a presentarse. En siete meses, logró su objetivo de convertirse en piloto titulado. Se fue de fiesta hasta altas horas de la noche en París, la capital francesa. Gritaba desde los tejados con entusiasmo, avisando a todos los estadounidenses de la ciudad de que había logrado lo imposible.

En noviembre de 1917, Bullard derribó dos aviones utilizando el Fokker Triplane y un Pfalz D.III. Fue un hito importante para el piloto, que ambicionaba volar algún día para su país de origen. Este sueño estaba al alcance de la mano cuando surgió la oportunidad de unirse a la escuadrilla de La Fayette con la Fuerzas Aérea estadounidense cuando el país americano entró en guerra. Sin embargo, su voluntad no bastó para convencer a algunos de sus racistas superiores. Algunos oficiales incluso hicieron campaña para que fuera apartado del servicio aéreo.

Desafíos raciales

Sus compatriotas pasaron por alto el talento de Bullard. Cuando obtuvo inicialmente su licencia de piloto, los medios de comunicación no publicaron ni una palabra sobre su increíble historia, probablemente debido a prejuicios raciales. La única revista que publicó un reportaje sobre Bullard fue *The Crisis*, dirigida por la NAACP, que mencionaba su alistamiento en el Servicio Aéreo, pero no profundizaba demasiado. Ya fuera por la censura gubernamental o por el silencio voluntario, los medios de comunicación racistas estadounidenses aún no estaban dispuestos a reconocer los logros de un héroe de guerra afroamericano. La sociedad estadounidense estaba estructurada de manera que ningún logro afroamericano fuera reconocido o promovido. Los logros de Bullard fueron desconocidos por sus compatriotas en cada paso de su viaje, por lo que abrazó como su hogar a Francia más que a Estados Unidos.

Bullard recibió uno de los mayores golpes racistas de su carrera militar cuando las Fuerzas Aéreas estadounidenses rechazaron su solicitud de ingreso. A pesar de haber volado en veinte misiones de combate y tener dos bajas no confirmadas, la entrada de Bullard en el servicio fue denegada. La razón oficial era que se le exigía tener el rango de teniente primero antes de alistarse. Sin embargo, la motivación más probable para el rechazo del hábil piloto eran los prejuicios raciales que existían en el ejército estadounidense. Por mucho que Bullard alabara a la ilustrada sociedad francesa, a su regreso a la Aéronautique Militaire se enzarzó en una disputa por motivos raciales con un oficial francés. Esta disputa provocó su traslado a otro regimiento, donde terminó su carrera militar tras ser licenciado en 1919.

La actitud de los soldados blancos estadounidenses que entraron en la guerra fue desmoralizadora. Muchos altos mandos de las fuerzas armadas creían que, si los soldados blancos veían a los combatientes negros viviendo libremente y sin ser segregados, se desmotivarían. Lo que preocupaba especialmente a algunos combatientes con sentimientos racistas era la idea de ver a soldados negros mezclándose con mujeres blancas. Muchos soldados negros fueron difamados por los racistas del ejército. Las tropas negras fueron acusadas injustamente de ser cobardes o de cometer actos despreciables, como agresiones sexuales. El racismo cegó a muchos soldados estadounidenses ante los grandes militares que eran los soldados negros. No podían ver más allá del color de la piel y reconocer el tremendo carácter y valor que sus homólogos negros exhibían dentro y fuera del campo de batalla. Tenían los prejuicios tan arraigados, que no veían lo que tenían delante.

El memorando Linard es el documento que muestra con más transparencia el alcance del racismo estadounidense. El memorando, dirigido a las autoridades civiles y militares francesas, describía cómo en Estados Unidos se consideraba a los negros inferiores. Continuaba explicando que no debían establecerse lazos fuertes entre oficiales blancos y negros en el ejército francés. Decía que no podían aceptar que los soldados negros volaran con los blancos estadounidenses porque a estos últimos les molestaría profundamente y afectaría su eficacia en la batalla. Afortunadamente, el gobierno francés denunció la terrible carta y se negó a reconocer su validez. Los estadounidenses presionaron constantemente para imponer su paradigma racial dentro del ejército francés. Las experiencias vividas por los soldados negros en el extranjero les ayudaron a replantearse su concepto de sí mismos y encendieron la llama de la justicia racial cuando regresaron a los opresivos Estados Unidos.

Fuera donde fuera, Bullard siempre tuvo que librar una dura batalla contra el racismo. Por mucho que demostrara su valía, siempre había gente que lo consideraba inferior. Esta carga pesaba sobre sus hombros porque, desde niño, siempre había querido huir de la discriminación basada en el color de su piel. Su deseo de acabar con la opresión racial lo llevó a convertirse en un activista de los derechos civiles que defendía la dignidad y la autodeterminación de todos los afroamericanos. Por mucho que Bullard quisiera ser considerado igual, la dinámica racial de la época nunca le permitió escapar de las actitudes discriminatorias de los fanáticos ignorantes.

La batalla de Bullard contra el racismo no acabó con la guerra. A su regreso a Estados Unidos, tuvo que enfrentarse a muchas batallas discriminatorias que lo llevaron a volver a Francia, ya que el trato hacia él se había vuelto insoportable. Su amor por su país se vio contrarrestado por la miseria que le infligieron sus ciudadanos. La difícil relación que mantuvo con su país natal le atormentó durante toda su vida, porque nunca pudo llegar a lo más alto de la sociedad estadounidense, ni siquiera como héroe de guerra. Las infinitas barreras que tenía ante sí bastaron para doblegar a este hombre resistente, que no soportó estar ni un segundo más en Estados Unidos. El trágico pasado de abusos raciales impidió al gobierno y a la sociedad civil conceder en vida a Bullard el crédito que merecía.

El simbolismo del emblema de su avión

Como artista, Bullard tenía algo de excéntrico. Además de volar con su mascota Jimmy, un mono rhesus, su avión Spad 7C.1. tenía un corazón atravesado por una insignia en forma de daga. Debajo del corazón había un eslogan que decía: «Toda la sangre que corre es roja». Tradicionalmente, un corazón atravesado por un puñal representaba el dolor o el sacrificio. El símbolo, que combina la violencia con el amor, se adaptaba perfectamente a un militar que luchaba por amor a su país o a sus ideales. El eslogan ponía de relieve la creencia de Bullard en la igualdad porque, independientemente del color de la piel, la sangre de todos es roja. El eslogan también tiene algo de dolor en el contexto de la guerra, porque muestra que todos sangran en el combate. No cualquiera tenía permitido pintar su avión, así que fue un gran privilegio para Bullard ondear esta insignia con orgullo.

Experiencias de posguerra

Tras la Primera Guerra Mundial, la vida de Bullard no dejó de ser intrigante. En lugar de retirarse a la tranquila campiña para relajarse tras sus años de servicio, optó por permanecer en actividad. Nunca regresó a Estados Unidos tras terminar la guerra, ya que había recibido un trato más justo en la sociedad francesa y veía allí la oportunidad de sobresalir. Gracias a su condecoración militar, Bullard obtuvo la ciudadanía francesa. Después de la guerra se labró una exitosa vida en el país europeo y continuó sirviendo a esa nación durante la Segunda Guerra Mundial y más allá.

Bullard se inclinó por la vida nocturna de París, trabajando en un club llamado Zelli's. Fue propietario del club nocturno Le Grand Duc y de L'Escadrille, un bar de temática estadounidense. En esta época, Bullard entabló amistad con muchos personajes famosos e influyentes. En la lista de celebridades que conoció figuran F. Scott Fitzgerald, autor de la novela clásica «El Gran Gatsby», y la revolucionaria y controvertida intérprete Josephine Baker. La escena del jazz en París estaba floreciendo y Bullard, amante de las grandes fiestas, sacó el máximo partido económico y social de esto. Su actividad en la escena le permitió conocer a muchas celebridades, convirtiéndose en amigo íntimo de muchas de ellas. Josephine Baker, que dio tantos pasos adelante por los derechos civiles como Bullard, fue su protectora en múltiples ocasiones.

Al igual que Josephine Baker en los albores de la Segunda Guerra Mundial, Bullard asumió el papel de espía. Fue reclutado para escuchar a los partidarios nazis franceses en sus bares e informar sobre sus conversaciones a las autoridades pertinentes. Una vez iniciada la Segunda Guerra Mundial, Bullard volvió a alistarse en el 51° Regimiento de Infantería, donde resultó terriblemente herido en una gran explosión. Ya no estaba en condiciones de luchar y tuvo que huir de Francia para evitar la captura de los nazis. Emprendió un arduo viaje a través de España hasta Portugal y de vuelta a Estados Unidos, el país que había abandonado hacía tantos años. Pero, en lugar de regresar al Sur, acabó en el bastión de la cultura afroamericana, Harlem, en Nueva York.

Lejos de la ostentación y el glamour de su estilo de vida parisino, Bullard trabajó como guardia de seguridad y estibador en Nueva York. En 1949, mientras asistía a un concierto de Paul Robeson, Bullard se vio envuelto en un altercado con una turba racista y agentes de policía. Fue golpeado por la policía, lo que lo llevó a abrazar la causa de los derechos civiles como activista. Sufrió otro incidente por motivos raciales porque, en rebeldía contra las actitudes opresivas de la sociedad, se negó a sentarse en la parte trasera de un autobús, como se esperaba de los negros. Fatigado por la constante lucha por la mera existencia como negro en Estados Unidos, Bullard regresó a Francia, donde fue recibido como un héroe.

La Francia más progresista concedió al héroe militar un alto honor al nombrarlo caballero de la Legión de Honor en 1959, una condecoración reservada a los más altos logros militares. Antes de esta condecoración, en 1954, fue elegido como parte de un grupo de élite para volver a encender la llama eterna en la Tumba del Soldado Desconocido. Solo compartió este privilegio con otros dos hombres. La tragedia de la vida de Bullard es que, por mucho que amara a Estados Unidos, la sociedad racista no le correspondió. Por suerte, encontró un hogar en París, donde recibió el respeto y los elogios que merecía. Bullard fue un personaje multidimensional que demostró su grandeza de varias maneras. Treinta y tres años después de su muerte, Estados Unidos reconoció por fin su contribución a la Primera y Segunda Guerra Mundial. La Fuerza Aérea de los Estados Unidos lo nombró teniente segundo a título póstumo. En 2019, Bullard fue inmortalizado en una estatua en el museo de la Aviación de su estado natal, Georgia. El nuevo Estados Unidos pudo celebrar por fin a uno de sus mayores héroes.

Capítulo 6: Capitán Noel Godfrey Chavasse: de los Juegos Olímpicos a curandero en el campo de batalla

Noel Godfrey Chavasse era la quintaesencia del caballero de su época. Era un académico de clase media-alta que destacaba en los círculos intelectuales y en el deporte. Chavasse representó a Gran Bretaña en los Juegos Olímpicos de 1908 en la prueba de 400 metros planos. No solo llegó al más alto nivel de competición en atletismo, sino que también se convirtió en un apasionado y respetado médico. Su destreza intelectual y su forma física superior fueron la combinación perfecta para crear un valiente héroe de guerra.

Capitán Noel Godfrey Chavasse

Las cartas desde el campo de batalla que la historia ha conservado reflejan las realidades de la guerra, desde el optimismo hasta el permanente sentido de un futuro incierto. A través de las batallas y tiempos oscuros de la guerra, Chavasse fue miembro clave del Royal Army Medical Corps y se alzó como uno de los soldados más condecorados y un símbolo de resistencia y curación. Chavasse falleció de forma horrible en medio de un bombardeo, que dejó irreconocible al valiente soldado. Su coraje y sacrificio se conmemoran con una estatua en la plaza de Abercromby, que destaca la necesidad de médicos en el campo de batalla.

Chavasse era un hombre de fe y virtud. Su formación cristiana y su carácter compasivo le permitieron anteponer a los demás a sí mismo, lo que terminó por costarle la vida. Criado en la iglesia, Chavasse veía su misión más allá del plano físico. Su valor y la atención que prestaba a los hombres en las trincheras solo pueden calificarse como divinas. Aunque experimentó dificultades mentales y físicas, las dejó de lado para servir a sus hermanos de armas. No muchos están hechos de la misma materia indescriptible que el capitán Noel Godfrey Chavasse, por lo que es crucial asegurarse de que su nombre resuene a través de los tiempos como inspiración de lo que significa servir desinteresadamente a una comunidad.

Infancia

El capitán Chavasse nació en Oxford en 1884. Chavasse era uno de siete hermanos y tenía un hermano gemelo idéntico. Su padre era reverendo, por lo que Chavasse creció en un hogar religioso que le inculcó profundamente los valores cristianos del altruismo, la humildad y la lucha por lo justo. Esto influyó significativamente en las acciones heroicas de Chevasse más adelante. El padre de Chevasse, el reverendo Francis Chavasse, era obispo de Liverpool y gozaba de gran prestigio en todo el país. También era el fundador del prestigioso St. Peter's College de Oxford.

La extraordinaria capacidad atlética de Chavasse se cultivó en su época escolar. Asistió al Magdalen College School y más tarde se matriculó en el Liverpool College, antes de terminar su educación formal en el Trinity College. En la universidad, Chavasse se ganó su *estatus azul* (color otorgado a los estudiantes que compiten al más alto nivel en deportes). Chavasse fue azul de *lacrosse* en la temporada de 1905 a 1906 y azul de atletismo en las pruebas de 100 yardas y 440 yardas. Tanto Chavasse como su gemelo Christopher compitieron en los Juegos Olímpicos de 1908.

Desde niño, Chevasse soñaba con alcanzar la gloria por defender a su país, y prácticamente trazó su camino para convertirse en la única persona galardonada dos veces con la Cruz Victoria en la Primera Guerra Mundial. A los dieciséis años, Chavasse guardaba un álbum de recortes llamado *Copos de nieve*, que contenía elaborados dibujos de caballeros medievales e historias ficticias de soldados justos que salían victoriosos de emocionantes batallas. El álbum, redescubierto 119 años después, ofrece una instantánea de la mente idealista del joven Chavasses, que poco a poco se fue contaminando con los terrores de la guerra antes de su trágico final. El álbum también contenía imágenes y descripciones de batallas históricas como la de Waterloo. Desde el principio quedó claro que Chavasse estaba destinado a desempeñar un papel decisivo en la remodelación del mundo a través de las tragedias de la guerra.

La educación relativamente privilegiada de Chavsse y los valores religiosos inculcados por su padre reverendo hicieron de Chevasse un hombre polifacético, que se extendió a múltiples esferas de la vida. Su intrigante escritura y el arte de la acuarela que aparece en su álbum de recortes adolescente muestran la exploración de múltiples aspectos de la vida a través de los cuales entender su ideología caballeresca influida por su cultura, su época y su educación.

Los sueños de Chevasse eran comunes para los jóvenes de su posición, pero él tuvo el empuje y el valor de manifestarlos a través de una ambición desmedida y una ética de trabajo imparable. Su dedicación al intelecto, la creatividad, la moral y la valentía de luchar por sus creencias utilizando su don de curandero crearon un terreno fértil para las semillas del heroísmo. Su crianza y su educación inglesa lo prepararon para el orgullo nacionalista y la brújula moral que le permitieron sobresalir como un joven que daba la vida por su país y sus compañeros de servicio. Los sueños de gloria que tenía desde niño se hicieron realidad, pero, por desgracia, figura entre los héroes que dieron su vida en la batalla y que no sobreviven para contar las historias de sus contribuciones a la victoria de la Primera Guerra Mundial.

Con la profesión de médico, Chavasse encontró una vía para ser útil en el esfuerzo bélico al tiempo que promovía su naturaleza desinteresada y humilde para servir a sus compañeros soldados en el campo de batalla. A diferencia de muchos héroes de guerra, a los que se premia por los cuerpos que dejan tendidos, Chevasse alcanzó la cima militar con su capacidad para curar a otros en las peores condiciones, arriesgando su vida y su seguridad. Parece que Chevasse pudo predecir su trágico destino en los relatos de guerra que registró en su álbum de recortes de la infancia. Las prístinas acuarelas de su amado Liverpool y la violenta sangre de los relatos ficticios e históricos ponían de relieve la paradoja de Chavasse, el soldado que curaba en lugar de hacer daño.

Carácter moral

La educación religiosa anglicana de Chavasse influyó enormemente en su recto carácter moral y su humildad. El capitán mantuvo su fe hasta la muerte. Su inexplicable empeño en garantizar la seguridad y el buen trato de los hombres que lo rodeaban se debió probablemente a su adhesión a la fe cristiana que le enseñó su padre, a quien amaba entrañablemente. Chevasse era un devoto practicante de su religión y mantenía opiniones conservadoras sobre muchos aspectos de la vida, como la familia y la promiscuidad. Chevasse promovía una vida limpia, lo que contribuyó a su excelente estado físico. Nunca bebía alcohol y llevaba un estilo de vida sano, alimentándose bien y haciendo ejercicio con regularidad.

Durante su estancia en la universidad, el optimismo de Chavasse brilló con fuerza. A menudo escribía a su familia sobre la religión y sus logros deportivos. Una vez que Chavasse entró en la guerra con el Royal Army Medical Corps, las cartas que escribía a casa, sobre todo a su padre, adquirieron un tono más oscuro. Hablaba de sus compañeros que habían perdido la vida y de las dificultades para mantener la moral y la higiene en los campamentos. También hablaba de la sobrecarga de trabajo de los soldados y describía cómo, a pesar de sus heridas, se dedicaba a buscar soldados heridos que necesitaran atención en el campo de batalla. Las finanzas también se convirtieron en una preocupación para Chavasse, que se lamentaba de no tener suficiente dinero para cuidar de su familia cuando volviera de la guerra. Su fe y su sentido del deber le hicieron seguir adelante en estos tiempos difíciles, hasta que encontró su trágico final.

La fe de Chavasse y su fuerte carácter moral impulsaron su afán por ayudar a los soldados heridos. A pesar de estar él mismo a las puertas de la muerte, reprimió su dolor y agonía al servicio de los demás, perdiendo finalmente la vida por ello. La abnegación era una parte importante de su fe, ya que Chavasse era un cristiano devoto que creía que Cristo había dado su vida por él. Por lo tanto, encarnaba el espíritu de su Salvador poniéndose en peligro por el bien de los demás. Su abnegación le valió la concesión de la Cruz Victoria dos veces, una de ellas después de su muerte. El capitán Noel Godfrey Chavasse es un símbolo de unidad, fraternidad y compromiso con su equipo en las circunstancias más extremas. No solo encarnó la actitud de un soldado perfecto, sino que hizo gala de un carácter moral casi incomprensible, teniendo en cuenta lo egocéntricas que son la mayoría de las personas.

El capitán comprendió que sin virtud y sin una base ideológica, ser enviado a la guerra significaba ser un «tonto con franela» o un «zoquete embarrado», como él mismo decía. Chavasse se vio impulsado por su comprensión de la Biblia, interpretada por la formación anglicana que su padre le había inculcado desde pequeño. Chavasse formuló lo que significaba ser un soldado ético con un propósito a través de la lente de la inspiración divina. En sus cartas que se conservan, la percepción que Chavasse expresa de los soldados perdidos en batalla muestra una profunda compasión y empatía. Nunca escribió sobre ellos como números del frente, sino como individuos, por lo que las pérdidas le perturbaban y entristecían enormemente. En una carta, Chavasse escribe a la madre de un soldado herido, explicándole que no sabe nada de él porque está postrado en cama. En lugar de escribir mecánicamente, tuvo la compasión suficiente para entrar en detalles sobre el estado del soldado, mostrando al mismo tiempo empatía y contención ante la posibilidad de que una madre perdiera a su hijo.

El servicio fúnebre celebrado tras su muerte fue indicativo de su fe y piedad. Cantaron sus himnos favoritos y hablaron de su devoción a Dios y a la Iglesia. Uno de los relatos de su expresión de fe en plena guerra quedó registrado en una carta a su padre. Chavasse describía cómo recibía la sagrada comunión en una iglesia en ruinas. Escribió sobre lo conmovedor que era ver a hombres arrodillados ante el Señor para recibir el sacramento, destacando además que esta era la máxima expresión de masculinidad que había percibido durante su estancia en la guerra. La fe de Chavasse fue fundamental en su vida y todos los logros que acumuló se debían a su adhesión a sus creencias religiosas y a la profunda conexión que sentía con su Dios.

Carrera profesional

Noel Chavasse se licenció en la mundialmente famosa Universidad de Oxford en 1912. Estudió medicina y fue galardonado con el Derby Exhibition, el máximo premio médico de la facultad. Un año después, se alistó en el Royal Army Medical Corps. Mientras estudiaba, fue un atleta competitivo, llegando a participar en los Juegos Olímpicos. Chavasse nunca ganó una medalla y quedó tercero en su eliminatoria, lo que le impidió pasar a las semifinales, ya que solo avanzaban los ganadores de cada eliminatoria. Sin embargo, esta habilidad atlética le ayudó más tarde en su carrera militar. Ser capaz de transportar personas durante largas distancias y realizar tareas de increíble resistencia es parte de lo que le destaca de los soldados promedio. Su destreza física y su empatía hicieron que ascendiera a capitán y que ganara más condecoraciones que cualquier otro soldado británico de la Primera Guerra Mundial.

En 1910, Chavasse ingresó en la unidad médica del Cuerpo de Formación de Oficiales de la Universidad de Oxford, antes de convertirse en miembro del Real Colegio de Cirujanos tras recibir formación especializada adicional. Todo parecía ir de maravilla, así que se alistó en el Royal Army Medical Corps. Sin embargo, la guerra comenzó poco después de que se alistara. Chavasse era teniente cirujano del 10º batallón del Regimiento del Rey de Liverpool, coloquialmente conocido como *los escoceses de Liverpool*. El legendario batallón se convirtió en uno de los más famosos después de la guerra, en gran parte debido a las valerosas hazañas de Chavasse.

Chavasse llegó a ser ascendido a capitán debido al valor que demostró en el campo de batalla. La primera condecoración militar que recibió fue una Cruz Militar, en 1915, por su valentía en la batalla de Hooge, en Bélgica. En esta batalla, su división conoció el lanzallamas, una de las armas más terroríficas de la Primera Guerra Mundial. La carnicería y la devastación fueron inimaginables. Chavasse entró en el terreno en disputa para rescatar a los soldados heridos. Aguantó incansablemente durante dos días seguidos, sin parar hasta asegurarse de que todos los heridos habían sido recuperados y atendidos. Aunque la batalla de Hooge fue aterradora, Chavasse se enfrentó a carnicerías exponencialmente mayores a medida que avanzaba su carrera militar, siempre mostrando la misma valentía y finalmente dando su vida por la causa.

El soldado británico más condecorado de la Primera Guerra Mundial

Muchos dieron su vida valientemente en las trincheras de la Primera Guerra Mundial, pero pocos alcanzaron los honores que Chavasse fue capaz de lograr. El capitán era raro entre los raros, ya que había sido condecorado en dos oportunidades con la Cruz Victoria, un honor que solo comparte con otros dos soldados. Obtuvo su primera Cruz Victoria poco después de la batalla de Hooge, el 9 de agosto. Su batallón lanzó un asalto frontal completo a las trincheras alemanas, pero los resultados fueron desastrosos. La falta de planificación y de una estrategia adecuada hizo que cientos de soldados perdieran la vida ante las armas alemanas en solo unas horas. Chavasse se expuso al fuego enemigo, mostrando el mismo sentido del deber que había tenido en Hooge a principios de año.

Al amparo de la oscuridad, Chavasse se acercó hasta 25 metros de las trincheras alemanas en tierra de nadie. Acompañado por un camillero, buscó por todos los rincones del campo de batalla, a veces bajo un intenso fuego, a los soldados heridos. Incluso cuando él mismo resultó herido, continuó con determinación y virtud. Consiguió salvar la vida de al menos veinte soldados gravemente heridos y de muchos otros con heridas que no ponían en peligro su vida. Regresó al campo de batalla durante dos días e incluso cargó a un soldado a lo largo de quinientas yardas bajo un intenso fuego. A pesar de los horrores que vivió, mantuvo una actitud positiva para sostener la moral de su equipo. Sus conocimientos médicos, su valentía y su resistencia lo convirtieron en el candidato perfecto para la codiciada Cruz Victoria.

Como líder y médico, Chavasse se preocupaba por la salud física y mental, de forma muy adelantada a su tiempo. En las trincheras de la Primera Guerra Mundial, los hombres sufrían a menudo crisis nerviosas, incapaces de soportar la tensión constante de la batalla. Chavasse observaba atentamente a sus hombres y, cuando el combate era demasiado para algunos soldados, los enviaba a una región de baja presión para que tuvieran tiempo de recuperarse. Se trataba de una práctica poco común en aquella época, ya que la ciencia de la salud mental apenas había surgido. Chavasse utilizaba su compasión como guía para la toma de decisiones y conectaba empáticamente con los hombres afligidos bajo su mando.

Por desgracia, no pudo recibir su segunda Cruz Victoria en vida. Después de que su batallón fuera destinado a Wieltje, cerca de Ypres, intentaron reconquistar la cresta de Passchendaele contra los alemanes. La precisión de la artillería alemana y el uso devastador del gas mostaza dejaron 143 hombres muertos, entre ellos dos oficiales. El primer día de batalla, Chavasse fue terriblemente herido con un disparo en el cráneo. Se le ordenó retirarse para recuperarse, pero se negó por el bien de sus hombres. Siguió buscando hombres heridos en el campo de batalla hasta que ya no pudo continuar por puro agotamiento. Tras solo dos días de descanso, regresó a tierra de nadie para buscar más soldados heridos y fue alcanzado directamente por un obús alemán. A pesar de que sus heridas eran terribles, se arrastró durante media milla para buscar a más soldados heridos en estado crítico. Ya no estaba en condiciones de negarse a ser evacuado, pero era demasiado tarde. Sucumbió a sus heridas en la cama de un hospital y fue condecorado con otra Cruz Victoria por su valor en la adversidad extrema. Al final de su vida, su cuerpo quedó desfigurado, era irreconocible.

Chavasse estaba tan comprometido con sus hombres que, en contra del sentido común, decidió quedarse y servir a pesar de sus heridas extremas. A menudo, a los héroes de guerra se les recuerda por sus muertes, pero a Chavasse se le recuerda por los hombres a los que curó y mantuvo a salvo de lesiones mentales y físicas, dando su propia vida a cambio. No le importaron sus propias heridas, sino que entregó su vida para que sus compañeros pudieran volver sanos y salvos con sus familias. Su valor, su fe y su naturaleza virtuosa no le permitían abandonar a sus hombres en tierra de nadie. Hasta su último aliento, insistió en hacer lo mejor para ellos, sin tener en cuenta lo que era mejor para él.

Conmemoración

El carácter intachable y el valor irreprochable de Chavasse hacen de él uno de los soldados más conmemorados de la Primera Guerra Mundial. Tiene dos lápidas que representan sus Cruces Victoria en su tumba, en el Nuevo Cementerio Militar de Brandhoek. Las medallas de Chavasse se compraron al precio récord de 1,5 millones de libras esterlinas y ahora se exponen en el museo Imperial de la Guerra. El parque Chavasse de Liverpool lleva el nombre de la auspiciosa familia. Más tarde, su hermano Christopher se convirtió en obispo de Rochester debido a sus profundos estudios religiosos y a su piedad, muy probablemente inspirada por su padre clérigo.

Monumento a Noel Chavasse en la iglesia de la Sagrada Familia, Brandhoek
Wernervc, CC BY-SA 3.0 https://creativecommons.org/licenses/by-sa/3.0, *vía Wikimedia Commons* https://commons.wikimedia.org/wiki/File:Noel_Chavasse_-2.jpg

La dedicación médica de Chavasse tampoco ha caído en el olvido. Una sala del Walton Centre de Liverpool lleva su nombre para honrar la memoria de su abnegada dedicación a prestar ayuda a quienes lo necesitaban, incluso en detrimento propio. En Oxford, dos adoquines representan sus Cruces Victoria cerca de los colegios a los que asistió, el St. Peter's College y el Magdalen College School. En el museo de Servicios Médicos del Ejército hay una estatua de Noel Chavasse atendiendo a los soldados. Tom Murphy esculpió un monumento de bronce en la plaza de Abercromby para Chavasse y otros quince nativos de Liverpool que ganaron la Cruz Victoria. En 2017, Chavasse fue incluido en una moneda conmemorativa de cinco libras, acuñada tanto en plata como en oro, para conmemorar un siglo de la Primera Guerra Mundial.

La Primera Guerra Mundial se considera la primera guerra moderna y redefinió en gran medida el funcionamiento del mundo. La Gran Guerra inauguró la era de los estados-nación y supuso el colapso de la era de los imperios. Esta transición se consolidó más tarde con el final de la Segunda Guerra Mundial. Chavasse es uno de los pocos hombres que se sentaron en la vanguardia de este conflicto que cambió el mundo. Sorprendentemente, no fue su destreza con las armas, sino su valor para salvar a otros, lo que lo catapultó como uno de los héroes de la Primera Guerra Mundial. Por lo tanto, Chavasse se erige en símbolo de la necesidad de liderar el mundo no con violencia, sino con compasión y con el impulso de reparar lo que está roto.

Capítulo 7: Henry Johnson: la batalla del Hellfighter de Harlem

En los relatos de la historia, la Gran Guerra es un capítulo fundamental, marcado por el valor y los sacrificios de innumerables patriotas. Este capítulo destaca la historia olvidada de un héroe anónimo de aquella época, tejiendo una narración que trasciende los relatos históricos convencionales. Las acciones de Henry Johnson, un luchador del Hellfighter de Harlem, en una batalla singular, definieron cómo un espíritu indomable, una valentía sin igual y la empatía le permitieron enfrentarse a probabilidades abrumadoras durante uno de los periodos más confusos de la historia.

A menudo se pasa por alto a Henry Johnson

El valor inquebrantable de Henry Johnson y sus impactantes acciones en esta batalla grabaron su nombre en las crónicas del heroísmo. Este capítulo detalla las circunstancias que rodearon la feroz defensa de Johnson contra una formidable fuerza alemana, su superación de la adversidad con acciones heroicas, las lesiones que recibió y el reconocimiento que lo transformó en un símbolo de inspiración para muchos.

Los desafíos

Antes de explorar los acontecimientos de la batalla y comprender la magnitud del heroísmo de Johnson, es necesario comprender la magnitud de las adversidades que se le presentaban. En aquella época, el frente occidental era el centro de un conflicto incesante, lo que preparó el terreno para la terrible experiencia de Johnson.

Su unidad, los Hellfighters de Harlem, se enfrentaba a una fuerza alemana mayor y mejor equipada. En las trincheras donde se desarrolló el enfrentamiento se sentían los ecos de los disparos, el olor nauseabundo del gas mostaza y el miedo perpetuo a un asalto inminente. Las adversidades parecían insuperables, pero dentro de esta posición confinada, Johnson se mantuvo firme, enfrentándose al enemigo invasor con una determinación inquebrantable.

En la vorágine de la batalla, las acciones de Henry Johnson trascendieron lo ordinario y lo catapultaron al reino de las leyendas. Johnson hizo gala de un valor extraordinario y sin parangón cuando las fuerzas alemanas se abalanzaron sobre su posición. Combatiendo cuerpo a cuerpo, repelió al enemigo con una ferocidad que desafiaba el caos que le rodeaba. Henry utilizó su fusil como garrote y un cuchillo para luchar contra el enemigo cuando se quedó sin munición. Su voluntad de sobrevivir y la inquebrantable determinación de defender fueron más allá del deber. El heroísmo de Johnson no fue una mera defensa del territorio, sino una clara manifestación del credo de los Hellfighters de Harlem: un compromiso inquebrantable con el deber, el honor y la hermandad.

Aunque Henry luchó sin descanso, rechazando al enemigo y manteniendo en alto la bandera de la victoria, fue inevitable evitar el precio de la batalla. A lo largo del intenso combate, sufrió graves heridas a manos del enemigo. Las heridas que le infligieron no eran solo físicas, sino también simbólicas por los sacrificios realizados en el crisol de la guerra. Se informó que Henry Johnson recibió 21 heridas durante la batalla, matando a cuatro soldados enemigos e hiriendo a más de una docena, haciéndoles retroceder. El cuerpo de Johnson, marcado por cicatrices y heridas, era testigo del precio pagado por enfrentarse a adversidades abrumadoras con un valor inquebrantable.

Reconocimiento posterior

A pesar de los desafíos y del costo personal, el valor de Henry Johnson no pasó desapercibido. Sus notables hazañas le valieron el reconocimiento en el campo de batalla y en círculos más amplios de la sociedad. La historia de Johnson se convirtió en un grito de guerra por la justicia y la igualdad y sirvió de inspiración a una nación que se enfrentaba a las secuelas de la guerra.

Cuanto más se profundiza en los detalles de la batalla de Henry Johnson, más se comprende que sus actos heroicos surgieron de su valentía, resistencia y coraje sin comparación, que hicieron brillar a Henry incluso en los momentos más oscuros.

Luchas en los primeros años de su vida

Los primeros años de la vida de Henry Johnson estuvieron rodeados de las complejidades raciales del sur de Estados Unidos a finales del siglo XIX y principios del XX. Nacido el 15 de julio de 1892 en Winston-Salem, Carolina del Norte, Johnson entró en un mundo implosionado por la segregación racial, el racismo sistémico y unos prejuicios profundamente arraigados. En aquella época, las leyes imponían una estricta segregación racial que limitaba las oportunidades y el progreso de afroamericanos como Johnson.

Al crecer en este difícil entorno, Johnson no tuvo más remedio que enfrentarse a las duras realidades de la discriminación y la desigualdad que se practicaban y promovían libremente. Como las oportunidades educativas y económicas eran limitadas, la promesa de una vida mejor parecía descabellada para muchos afroamericanos. En sus primeros días de lucha, trabajó en diversos empleos, como mezclador de refrescos, chófer, obrero y mozo en la Union Station de Albany. Frente a estos problemas, la decisión de Henry Johnson de alistarse en el ejército reflejaba aspiraciones personales y el deseo de desafiar las limitaciones impuestas por el racismo.

Cuando comenzó la Primera Guerra Mundial, en julio de 1914, todos los países, incluido Estados Unidos, prepararon reclutas para defender su patria. La guerra permitió a Johnson liberarse de la segregación racial y desempeñar un papel en la lucha por la libertad y la democracia. Johnson se alistó en el ejército, motivado por el sentido del deber y el deseo de igualdad.

Se alistó el 5 de junio de 1917 como soldado raso en el 15º Regimiento de Nueva York, formado principalmente por afroamericanos y unos pocos oficiales blancos. La unidad fue desplegada en Francia y más tarde pasó a llamarse 369º Regimiento de Infantería de la 93ª División de Infantería.

El 369º Regimiento de Infantería, compuesto principalmente por soldados afroamericanos, se convirtió más tarde en los Hellfighters de Harlem. Esta unidad se distinguió en el campo de batalla, desafiando los estereotipos y prejuicios sobre las capacidades de los soldados negros. Para Johnson, alistarse en los Hellfighters de Harlem no era solo un compromiso militar; era un paso valiente para afirmar su humanidad y desafiar el racismo sistémico que asolaba la sociedad estadounidense.

En el ejército existía un racismo institucional en el que los soldados afroamericanos eran tachados de inferiores con escasas capacidades bélicas y no recibían las mismas prebendas ni los mismos rangos que sus homólogos blancos. El 369º Regimiento de Infantería se enfrentó a los peligros del frente europeo y a los retos de la discriminación racial dentro de la jerarquía militar. A pesar de enfrentarse a obstáculos sistémicos, Johnson y sus compañeros intentaron demostrar su valía y patriotismo con sus acciones en el campo de batalla.

Este telón de fondo y la determinación de Johnson para desafiar los prejuicios que lo alimentaban forjaron su carácter. Su alistamiento fue una elección personal y un desafío deliberado a una sociedad que pretendía negarle la igualdad de derechos y el reconocimiento que merecía.

Preparación y entrenamiento

Además de las capacidades mentales de Henry Johnson, que lo ayudaron a dejar huella, su entrenamiento básico lo convirtió en un combatiente formidable dentro de los Hellfighters de Harlem. Tras su alistamiento, se entrenó en el ejército estadounidense y aprendió los elementos fundamentales necesarios para un soldado. El entrenamiento se centraba en la disciplina militar, la puntería, los fundamentos del combate y las maniobras tácticas. Todo el régimen se sometía a un entrenamiento de resistencia y a ejercicios físicamente exigentes para satisfacer las demandas de la guerra en el frente europeo. Estos ejercicios incluían ejercicios de resistencia, carreras de obstáculos y marchas de larga distancia. Se asignaban también ejercicios de fuerza y resistencia para que el cuerpo de los soldados pudiera enfrentarse y sobrevivir en las duras condiciones de la guerra. El entrenamiento incluía sesiones para mejorar en el uso de armas de fuego, armas cortas y granadas, de modo que pudieran utilizarse eficazmente contra el enemigo.

Tras llegar a Francia, los oficiales al mando del ejército estadounidense asignaron al regimiento de infantería funciones no relacionadas con el combate, como descargar suministros, cavar trincheras y realizar trabajos manuales relacionados con la guerra. En un giro de los acontecimientos, el general de división John J. Pershing decidió separar al 369° de infantería de otras unidades estadounidenses para servir con el ejército francés el 8 de abril de 1918. Mientras que los compañeros estadounidenses trataban mal a la 369ª infantería, los franceses los trataron bien. Enseñaron frases básicas de comunicación en francés al regimiento para que pudieran comunicarse con sus camaradas franceses.

Como el frente de batalla estaba repleto de trincheras, los soldados tuvieron que aprender tácticas de guerra de trincheras, en las que Johnson destacó. Todo el régimen se entrenaba durante días, aprendiendo a moverse por las trincheras, a dominar las estrategias defensivas y a participar en ofensivas coordinadas. Este entrenamiento dotó a Johnson de un conjunto de habilidades especiales que le permitieron enfrentarse a los retos que planteaba el dinámico y peligroso paisaje de la guerra de trincheras.

Por último, se mejoró la fortaleza mental de los soldados con el fin de prepararlos para hacer frente a la carga fisiológica de la guerra y tomar las decisiones correctas durante el combate. El entrenamiento incluía la simulación de tensiones de combate para aumentar la resiliencia, el desarrollo de una mente enfocada y la disciplina a pesar de la adversidad. Mantener la compostura y tomar decisiones en fracciones de segundo en medio del caos se convirtió en el sello distintivo del acondicionamiento mental que acompañó a su entrenamiento militar.

En particular, los lazos que se formaron durante el entrenamiento crearon una unidad cohesionada que hacía hincapié en la confianza y la cooperación entre los soldados. Esta interconexión les ayudó en los momentos difíciles, en los que la confianza mutua se convirtió en la piedra angular de la fuerza colectiva de los *Hellfighters* de Harlem. Durante su entrenamiento militar, Henry Johnson se convirtió en un soldado físicamente hábil y mentalmente resistente, y en un testimonio de la preparación colectiva de los Hellfighters de Harlem.

La incursión nocturna

La incursión nocturna fue el acontecimiento más destacado en el que Johnson dejó su huella. La famosa incursión nocturna comenzó la víspera del 14 de mayo de 1918. Los Hellfighters de Harlem estaban ubicados en el frente occidental y se enfrentaron a escaramuzas y disparos del enemigo durante bastante tiempo.

La brillantez estratégica y el ingenio de Henry Johnson cobraron protagonismo durante una fatídica incursión nocturna el 14 y 15 de mayo de 1918 en los sombríos confines de las trincheras del frente occidental durante la Primera Guerra Mundial. Mientras la oscuridad cubría el campo de batalla, los Hellfighters de Harlem se encontraron en una situación peligrosa, enfrentándose a un grupo de asaltantes alemanes. Como centinela junto a Needham Roberts, Johnson demostró una táctica excepcional y un valor inquebrantable que definió este momento crítico de su servicio militar.

El grupo alemán de veinticinco hombres armados se acercó rápidamente a las fuerzas estadounidenses, tomándolas desprevenidas. Al percatarse del ataque, Johnson reaccionó de inmediato, demostrando su excepcional conocimiento de la situación y su capacidad para tomar decisiones en fracciones de segundo. Las probabilidades estaban en contra de los defensores, ya que el enemigo tenía superioridad numérica y táctica. Sin embargo, Johnson optó por no retirarse y resistir, preparando el terreno para un despliegue de heroísmo extraordinario.

Con un fusil y un cuchillo, Johnson se enfrentó al enemigo en un combate cuerpo a cuerpo, con una ferocidad que demostraba verdadera valentía y desafiaba el caos que le rodeaba. Cuando se le acabó la munición, utilizó su cuchillo y el rifle vacío como garrote para infligir daño. Los veteranos militares citan el uso que Johnson hizo del cuchillo como ejemplo de improvisación durante el combate y de utilización de armas no convencionales para causar el mayor impacto posible. Este enfoque poco convencional perturbó la cohesión del grupo de asalto alemán, ganando un tiempo crucial para sus compañeros y cambiando las condiciones de la escaramuza.

A medida que aumentaba la intensidad del conflicto, el ingenio de Johnson volvió a relucir. En un movimiento desesperado, lanzó granadas de mano con precisión para repeler al enemigo y romper la intensidad del ataque. El uso estratégico de explosivos demostró la capacidad de Johnson para aprovechar los recursos disponibles bajo una presión extrema, cambiando el rumbo de la batalla a favor de los estadounidenses.

El compromiso de Johnson con su compañero, Needham Roberts, a lo largo del angustioso combate fue inquebrantable. A pesar de sufrir múltiples heridas, Johnson luchó valientemente para proteger a Roberts de cualquier daño, demostrando el verdadero espíritu de hermandad que compartían los Hellfighters de Harlem. Este compromiso inquebrantable por garantizar el bienestar de sus camaradas en medio del caos de la batalla es un don poco común.

El precio de la heroica defensa de Johnson fue importante, ya que sufrió heridas de bala, cortes, rasguños y otras lesiones provocadas por las armas enemigas. Sin embargo, su resistencia permaneció intacta y los sacrificios realizados durante esta incursión nocturna se convirtieron en un capítulo decisivo del legado de Johnson. Su brillantez estratégica, su ingenio y su inquebrantable compromiso con el deber iluminaron la oscuridad de las trincheras, forjando la historia de valor y resistencia de los Hellfighters de Harlem.

Las secuelas

Las secuelas de la heroica resistencia de Henry Johnson se desarrollaron como un testimonio de los costos físicos y simbólicos de su inquebrantable coraje frente a probabilidades abrumadoramente bajas. Tras repeler al grupo de asalto alemán en las trincheras del frente occidental, Johnson salió del acontecimiento como una figura herida, pero a salvo. Sus heridas, que consistían en varios disparos y numerosos impactos de armas enemigas, atestiguaban la ferocidad del combate cuerpo a cuerpo que había emprendido con valentía. Las secuelas en su cuerpo se convirtieron en una representación tangible de los sacrificios realizados durante la batalla, subrayando la naturaleza brutal del conflicto en el que había participado.

Aunque había sufrido una cantidad considerable de heridas, la forma en que respondió al ataque no pasó desapercibida ni para los aliados ni para los enemigos. Los aliados franceses, famosos por su aprecio a los actos de valentía, no tardaron en reconocer el extraordinario heroísmo mostrado por el Hellfighter de Harlem. En un gesto de agradecimiento por sus actos, el gobierno francés concedió a Johnson la Croix de Guerre, una prestigiosa condecoración militar reservada a quienes exhiben un valor excepcional frente al enemigo. Este reconocimiento de una nación con una profunda conexión histórica con los ideales de libertad e igualdad elevó el heroísmo de Johnson a la escena internacional.

La condecoración francesa impulsó los actos de guerra de Johnson en múltiples niveles. Reconoció formalmente la valentía de Johnson, dando cuenta de sus excepcionales contribuciones en el campo de batalla. Además, puso de relieve el marcado contraste entre el reconocimiento otorgado por los franceses y los prejuicios raciales que prevalecían en Estados Unidos. Las heridas que sufrió durante la angustiosa incursión nocturna se convirtieron en un símbolo de resistencia y desafío. Estas heridas describían la historia de un soldado que se mantuvo firme contra viento y marea en defensa de sus camaradas y de la nación. La Croix de Guerre francesa que Johnson lucía con orgullo en su uniforme representaba algo más que una condecoración militar. Se convirtió en un faro de esperanza que desafiaba las injusticias raciales y abogaba por el reconocimiento del heroísmo, independientemente del color de la piel.

En la historia de la Primera Guerra Mundial, las consecuencias inmediatas de la heroica postura de Henry Johnson se convirtieron en un relato de sacrificio, reconocimiento y un poderoso desafío a las normas sociales de la época. Sus heridas y la condecoración francesa crearon un capítulo conmovedor en la lucha por la igualdad, la justicia y el reconocimiento de las notables contribuciones de los soldados negros en una guerra que reconfiguró el mundo.

Reconocimiento después de la guerra

Aunque Johnson había recibido una mención de honor del gobierno francés, el reconocimiento de sus logros durante la guerra no fue el mismo en su país. A principios del siglo XX, en Estados Unidos existían marcadas disparidades en el trato por motivos de raza. La experiencia de

Johnson refleja la compleja interacción entre la aclamación internacional y el olvido nacional, y pone de relieve los problemas más generales de discriminación racial y desigualdad a los que se enfrentaban las personas de color en países predominantemente blancos.

En Francia, Johnson fue reconocido por su heroísmo en igualdad con sus homólogos blancos. La ironía fue que una nación del otro lado del Atlántico, que compartía valores de libertad e igualdad con Estados Unidos, fuera más rápida y estuviera más dispuesta a honrar a Johnson que su propia patria.

A su regreso a Estados Unidos, Johnson se encontró con una realidad diferente. El clima racial, marcado por una discriminación y una segregación profundamente arraigadas, le negó el reconocimiento que por derecho merecía. La marcada diferencia entre la bienvenida de héroe que recibió en Francia y la falta de reconocimiento en su país puso de manifiesto la inquietante realidad de que los prejuicios raciales persistían en la sociedad estadounidense, incluso entre aquellos que habían luchado codo a codo en la guerra.

La lucha por el reconocimiento en su patria se convirtió en un calvario prolongado, reflejo de los retos más generales a los que se enfrentaban los soldados afroamericanos. El heroísmo de Johnson no lo protegió de las injusticias raciales que prevalecían en la nación a la que había servido. El retraso en el reconocimiento de sus contribuciones puso de relieve las barreras sistémicas que obstaculizaban el mismo trato a los soldados negros, perpetuando una narrativa de desigualdad y marginación.

En su expediente de baja no se mencionaban las heridas sufridas durante la guerra, no recibió reconocimientos e incluso se le denegó una prestación por discapacidad. Pronto reanudó su trabajo de portero, pero no pudo continuar debido a sus lesiones y a las limitaciones educativas. Johnson murió a los 32 años de miocarditis.

Solo hasta 1996 el presidente Bill Clinton concedió a Johnson una condecoración militar, el Corazón Púrpura, por sus esfuerzos en la guerra. Tras esta medalla, en 2003 se le concedió la segunda condecoración más importante, la Cruz de Servicios Distinguidos. Herman A. Johnson, de quien se creía que era parte de su familia, recibió esta condecoración en 2003. En 2015, casi un siglo después de su heroica posición, Henry Johnson recibió a título póstumo la Medalla de Honor del gobierno de Estados Unidos, un reconocimiento tardío con el que se pretendía rectificar olvidos históricos. El 44º presidente de los Estados Unidos, Barack Obama, entregó esta prestigiosa condecoración al sargento mayor Louis Wilson. Este reconocimiento, largamente aplazado, reflejaba un reconocimiento social más amplio que el trato histórico dispensado a los soldados negros y la necesidad imperiosa de corregir la situación.

El valor de los soldados afroamericanos en el campo de batalla no les protegió de los prejuicios raciales que prevalecían en su país. Aunque Johnson recibió los tan esperados elogios, la demora en el reconocimiento es un recordatorio del trabajo necesario para abordar las injusticias históricas y garantizar que las contribuciones de todos los soldados, independientemente de su raza, sean debidamente celebradas y honradas.

En los anales de la historia militar, la batalla que tuvo lugar los días 14 y 15 de mayo de 1918 en las trincheras del frente occidental es un testimonio del espíritu indomable y el extraordinario valor de Henry Johnson, el Hellfighter de Harlem. La heroica resistencia de Johnson contra todo pronóstico, marcada por la brillantez táctica, la inventiva y el valor inquebrantable, se convirtió en un momento decisivo de su trayectoria y de la dinámica y el reconocimiento racial durante la Primera Guerra Mundial. Las cicatrices de su cuerpo, legado del intenso combate cuerpo a cuerpo, son testimonio de los sacrificios realizados en el crisol de la guerra.

La condecoración francesa, un rápido reconocimiento por su heroísmo, contrastó con la prolongada lucha por el reconocimiento en casa. La batalla de Henry Johnson acompañó las complejidades de la raza, el sacrificio y la búsqueda permanente de la justicia, dejando una huella indeleble en la narrativa de los soldados afroamericanos cuyas contribuciones, antes pasadas por alto, exigen ahora reconocimiento y aprecio. Su legado es un recordatorio de que el costo real de la guerra se extiende más allá del campo de batalla y a menudo está entrelazado con la persistente lucha por la igualdad y el reconocimiento.

Capítulo 8: Fay Howe: la hija del farero

A lo largo de la historia, hay relatos que obligan a detenerse y reflexionar sobre lo generosa y bondadosa que puede llegar a ser una persona. Este es uno de esos relatos. Fay Howe era una chica joven con expresiones faciales inocentes y tiernas que reflejaban su verdadera y bondadosa naturaleza.

Aunque la historia de Fay es conmovedora, ya que marcó la diferencia en la vida de miles de soldados australianos, no mucha gente la conocía. Solo la conocieron los hombres a los que ayudó durante la guerra. Por suerte, su único hijo arrojó luz sobre su vida y ofreció información sobre esta increíble mujer.

Este capítulo lleva la aventura a la isla de Breaksea, en Australia, para descubrir la incansable labor de Fay Howe ayudando a los barcos de la AIF (Fuerza Imperial Australiana, por sus siglas en inglés) que esperaban cerca del faro donde la joven, cuya madre había muerto, vivía con su padre.

La educación de Fay Howe

Nacida en 1899 en el faro de Cabo Leeuwin, Fay era hija de Robert y Hannah Howe. Era la menor de cuatro hermanos: Harold, Evelyn y Ada. Cuando Fay cumplió seis años, su padre se trasladó a la isla de Breaksea con su esposa y Fay, dejando a sus otros hijos en Albany para que fueran a la escuela. Robert era farero, lo que le valió a Fay el famoso nombre de «la hija del farero». Tuvo una educación interesante y su padre le enseñó habilidades únicas que muchas niñas de su edad no tenían.

Fay Howe nació en el faro de Cabo Leeuwin
Calistemon, CC BY-SA 4.0 https://creativecommons.org/licenses/by-sa/4.0, vía Wikimedia Commons:
https://commons.wikimedia.org/wiki/File:Cape_Leeuwin_Lighthouse,_February_2021_03.jpg

Desde muy pequeña supo utilizar un arma y cazar conejos y pájaros para mantener a su familia. Sus padres le enseñaron a leer, escribir, coser, tejer, cocinar, aritmética, telegrafía y código Morse, semáforo y señales con banderas. Fay aprendió estas habilidades, las dominó y creció segura de sí misma y extremadamente capaz. Sus padres estaban muy orgullosos de ella. Fay tuvo una educación cálida y cariñosa, pero no exenta de dificultades y momentos tristes.

La vida en la isla era dura. Cuando hacía mal tiempo, Fay y su familia luchaban por llegar a fin de mes, porque los barcos de suministros solo llegaban una vez al mes.

A los trece años, se convirtió en tía cuando su hermana Ada dio a luz a su primer hijo, un niño llamado Stanley. Por desgracia, su alegría no duró mucho, ya que Ada murió poco después del nacimiento. Stanley fue enviado a la isla de Breaksea para que su abuela, Hannah, cuidara de él. Sin embargo, ella murió menos de un año después, y Fay, que era una niña, tuvo que criarlo.

La vida de Fay dio un vuelco. No solo tenía que cuidar de un bebé, sino que además tenía que ayudar a su padre a dirigir el faro mientras lloraba la pérdida de su querida madre. Afortunadamente, estaba preparada para la tarea. Utilizó todo lo que sus padres le habían enseñado para crear un hogar para su padre y su sobrino. Sin embargo, estaba a punto de ocurrir algo que cambiaría su vida para siempre.

La Primera Guerra Mundial comenzó en 1914, justo después de la muerte de Hannah. Los acontecimientos que tuvieron lugar durante este periodo cimentaron el nombre de Fay en la historia.

El heroísmo de Fay Howe

En 1914 llegaron a la isla unos 30.000 soldados australianos. Eran hombres jóvenes, algunos de veinte años y otros apenas adolescentes. Cada uno llevaba en la mano una flor silvestre que les habían regalado los pueblos de Australia y Nueva Zelanda para desearles un buen viaje antes de zarpar hacia Europa y Egipto.

Los soldados esperaron unos días frente a la costa antes de zarpar. Los barcos se detuvieron a pocas millas de donde vivía Fay. Sin embargo, algunos historiadores creen que los barcos estaban más cerca de lo que se pensaba en un principio, ya que los marineros podían verla cuando agitaba sus banderas o enviaba señales.

La incertidumbre de la guerra afectó a los soldados de forma diferente. Algunos estaban entusiasmados con su aventura, mientras que otros tenían miedo y no sabían qué esperar. La hija del farero, Fay, observaba desde la distancia el camino de ida y vuelta a la isla y se asombraba de los hombres que arriesgaban la vida por su país. Podía sentir el miedo en el corazón de los jóvenes, pero estaba impresionada por su valentía. Siempre se había preguntado si podía hacer algo para ayudarles.

Los soldados tenían prohibido abandonar los barcos. Sin embargo, querían desesperadamente ponerse en contacto con sus familias para hacerles saber que estaban vivos. Algunos enviaron mensajes en botellas, con la esperanza de que llegaran a sus seres queridos. Otros soldados optaron por otro método.

Veían que Fay los observaba y esperaban que les ayudara. Como conocía el código Morse y el semáforo, se convirtió en su mensajera. Le hacían señas cuando necesitaban enviar mensajes y ella los entregaba inmediatamente.

Desde una pequeña isla, alejada de la gran ciudad, Fay utilizaba el cable submarino y el telégrafo para enviar los mensajes de los soldados a sus seres queridos. Ella hacía llegar las respuestas de sus familias a los ansiosos hombres mediante banderas de semáforo y código Morse. Es fácil imaginar cómo se sentían los soldados en aquella época. Estaban desesperados por enviar sus últimas palabras a sus familias y confiaban en Fay para hacerles llegar esos mensajes. Con ella se mostraban vulnerables y no temían mostrar sus debilidades. Fay no los defraudó y se convirtió en el único vínculo que tenían con sus familias.

Además, algunos que no tenían familia ni amigos, encontraron compañía en Fay. Fay necesitaba a estos hombres tanto como ellos a ella. No había mucha gente en la isla y su padre trabajaba todo el día. Solo tenía a sus cerdos, un perro y dos burros como compañía. Se sentía sola y anhelaba la compañía humana, así que le entusiasmaba comunicarse con los soldados y sus familias. Sin embargo, esta no era la única razón por la que Fay ayudaba a los soldados. La impulsaba el sentido del deber y el amor a su país. La Primera Guerra Mundial fue la primera vez que Australia entró en guerra y fue un momento importante de su historia.

Curiosamente, los soldados nunca conocieron a Fay en persona, pero le agradecieron todo lo que hizo por ellos. Se cree que establecieron un vínculo con ella. Como estaban todo el día atrapados en el barco, era lógico que pasaran el tiempo haciéndole señas.

Muchos expresaron su gratitud enviando postales a Fay desde los campos de batalla. No sabían su nombre, así que dirigían sus cartas a «La niña de la isla de Breaksea».

Fay se sintió tan conmovida por este bonito gesto que guardó todas las postales. Cuando su hijo menor, Don, era niño, las revisaba sin saber su significado. Cuando lo entrevistaron hace unos años, dijo que había «docenas y docenas» de postales. Contaban la vida de los soldados y sus experiencias en el campo de batalla. Creía que su madre les había respondido, pero no sabía cuántas cartas les había enviado. Lamentablemente, muchas de las postales de los soldados se perdieron.

Cuando los soldados se preparaban para ir a la batalla, Fay les saludaba y les deseaba buena suerte, con la esperanza de que volvieran sanos y salvos a casa. Se convirtió en la última persona que se comunicaba con ellos y la última cara que veían antes de partir a la guerra. Ella simbolizaba aquello por lo que estos jóvenes luchaban y protegían.

Nunca olvidaron a la joven que vieron en la isla de Breaksea y su bondad. Su recuerdo quedó grabado en sus corazones, como un recordatorio constante de la bondad de la gente que esperaba su regreso victorioso.

Aunque Fay criaba a su sobrino pequeño, cocinaba para los fareros y les lavaba la ropa, no dudó en dedicar su tiempo y energía a los soldados y proporcionarles consuelo. Sabía que muchos no volverían a casa y se alegraba de poder consolarlos y hacerlos sonreír por última vez.

La vida de Fay después de la guerra

Fay no tuvo una vida sencilla. La muerte de su madre y su hermana le causaron mucho dolor y angustia. Un año después de la partida de los soldados, Fay se enamoró de un hombre, James, 19 años mayor que ella, y quedó embarazada de su primer hijo. James también era farero y trabajaba con su padre. Fay y James se casaron y se mudaron a Perth. Primero vivieron unos años con los padres de James antes de ahorrar y mudarse a East Fremantle, donde Fay pasó el resto de su vida.

Lamentablemente, perdió a sus dos primeros hijos, uno apenas un par de horas después de nacer y el otro cuando tenía poco más de un año. Más tarde tuvo dos hijas, Doreen y Marjory, y un hijo, Don.

James murió en 1946, dejando a Fay como sostén de la familia. Se convirtió en celadora de la prisión de Fremantle, pero no ganaba lo suficiente para mantener a sus hijos, por lo que trabajó como modista para obtener ingresos extra. Fay se convirtió en padre y madre para sus hijos. Crio a tres hijos hermosos y triunfadores gracias a su fuerte voluntad y a su actitud de «sí se puede», que se puso de manifiesto durante la guerra.

En 1968, Fay falleció a los 68 años tras sufrir un derrame cerebral, dejando atrás a sus tres hijos y nueve nietos.

Don Watson

No se puede hablar de Fay Howe sin mencionar a su hijo, Don, que narró la historia de su madre y proporcionó la información mencionada en este capítulo. Don sabía que su madre era una heroína de guerra, aunque conocía poco de su historia. Dijo que ella prefería reservarse esa parte de su vida y que rara vez hablaba de su vínculo especial con los soldados.

Recordaba ver a su madre revisando las viejas postales con una sonrisa en la cara y lágrimas en los ojos, pensando en todos los soldados que nunca volverían a casa. Siempre le conmovía su historia y cómo podía seguir recordando y echando de menos a esos soldados después de tantos años.

Se la imaginaba enviando mensajes a sus preocupados familiares y amigos, haciéndoles saber que los soldados estaban bien y vivos. En el fondo, sabía que a su bondadosa madre le alegraba decir a los soldados que sus familias les echaban de menos y que estaban deseando que volvieran a casa.

Don estaba orgulloso de su madre y de su papel en aquella época oscura. En ese entonces era una niña, pero consiguió aliviar las preocupaciones de miles de soldados y sus familias.

Algunos años después visitó la isla de Breaksea por primera vez en su vida y no pudo evitar sentir una conexión con el lugar donde su madre había hecho historia. Se sintió embargado por la emoción, de pie donde su madre había estado décadas atrás.

La historia de Fay se ha hecho popular en los últimos años y se ha convertido en un libro y una obra de teatro.

No todos los héroes deben luchar y sangrar. Algunos son simplemente buenas personas que marcan la diferencia en el mundo con su bondad. Fay se convirtió en heroína por su buen corazón y su voluntad de ayudar a los demás sin esperar nada a cambio. Fue un faro de esperanza para estos hombres, ofreciéndoles una última oportunidad de comunicarse con sus familias, despedirse y decir: «Los quiero».

Capítulo 9: La enfermera Helen Fairchild: la belleza del campo de batalla

En medio de los desgarradores paisajes del frente occidental durante la Primera Guerra Mundial, este capítulo destaca la profunda historia de la famosa enfermera Helen Fairchild, cuyo desinteresado servicio marcó los anales de la atención sanitaria en tiempos de guerra. Operando en condiciones marcadas por el caos, la escasez y el implacable costo del conflicto, la enorme dedicación de Fairchild a sus pacientes se convirtió en un faro de compasión en la oscuridad de la guerra.

El servicio de la enfermera Helen Fairchild marcó los anales de la asistencia sanitaria en tiempos de guerra

Biblioteca Nacional de Escocia, Sin restricciones, vía Wikimedia Commons:
https://commons.wikimedia.org/wiki/File:WAAC%27s_in_France_find_German_helmets_useful_substitutes_for_market_bags_(3016320811).jpg

La enfermera Fairchild se enfrentó sin miedo a la sombría realidad del frente occidental, donde los ecos de la artillería envolvían los hospitales improvisados y el abrumador aroma de los antisépticos se mezclaba con el penetrante olor del sudor, las lágrimas y la sangre de la batalla. Bajo la amenaza constante de los ataques enemigos, Fairchild trabajó sin descanso para proporcionar consuelo y cuidados a los heridos y moribundos. Las improvisadas instalaciones médicas, abarrotadas por el enorme volumen de heridos, se convirtieron en una importante motivación para su inquebrantable compromiso, ya que sobresalió en circunstancias difíciles con un espíritu firme.

Aunque durante la Primera Guerra Mundial se alabaron sus incesantes esfuerzos por prestar asistencia médica a los heridos y a los más vulnerables, su valor, determinación y prioridad a la hora de prestar asistencia médica de emergencia solo se reconoció cuando fue destinada a un puesto en primera línea durante la batalla de Ypres. Fue entonces cuando comenzó la tercera batalla de Ypres y se necesitaron enfermeras en el frente para proporcionar una atención adecuada a los heridos y hacer frente a las emergencias médicas. Se prepararon equipos quirúrgicos que fueron enviados a los puestos de socorro para prestar atención médica de urgencia. Cada equipo contaba con un cirujano, un anestesista, una enfermera y un sargento. Los equipos quirúrgicos permanecían en el puesto un máximo de 48 horas. Sin embargo, esta vez fue diferente, ya que Helen Fairchild y su equipo permanecieron durante cinco semanas antes de recibir suministros médicos o tener acceso a ropa limpia.

Su incesante dedicación fue más allá del deber, ya que no solo atendía las heridas físicas, sino que también consolaba a los soldados que se enfrentaban al trauma de la guerra. Las palabras tranquilizadoras y los gestos compasivos de Fairchild eran un bálsamo para las cicatrices psicológicas. Se erigió como un pilar de fortaleza, ofreciendo un atisbo de humanidad en medio de la brutalidad del conflicto.

La escasez de suministros médicos y la incesante demanda de asistencia la obligaban a trabajar con recursos limitados. La presión sobre su bienestar agravó sus incansables esfuerzos, ya que el agotamiento se convirtió en un compañero constante en su afán por aliviar el sufrimiento. Las historias de los soldados cuyas vidas tocó dan fe del poder transformador de sus cuidados, ilustrando la esencia del altruismo durante la guerra.

La historia de Fairchild dio un giro dramático, ya que su prematuro fallecimiento supuso el último sacrificio al servicio de los demás. El precio de la guerra, visible y oculto, se cobró la vida de esta dedicada enfermera, subrayando el profundo peso que soportan quienes atienden a los heridos en el marco del conflicto. El legado de Fairchild se convirtió en un símbolo de la resistencia y la compasión de los cuidadores en tiempos de guerra, un relato de valor y sacrificio grabado en la historia.

La historia de la enfermera Fairchild en el frente occidental no es sino un testimonio del inconmensurable impacto del servicio desinteresado en la adversidad. Su dedicación, sacrificios y prematura desaparición son un triste recordatorio del costo humano de la guerra y del legado perdurable de aquellos que, en las horas más oscuras, ejemplifican el verdadero significado de la compasión y el heroísmo.

El impacto de Helen en la atención médica

El impacto de la enfermera Fairchild en la atención médica durante la Primera Guerra Mundial fue transformador, ya que su inquebrantable dedicación y sus excepcionales habilidades inspiraron al sistema sanitario de primera línea a improvisar y realizar cambios para mejorar la atención en los años venideros. Fairchild, que trabajó en el difícil y caótico entorno del frente occidental, se convirtió en un faro de compasión, resistencia e innovación, elevando el nivel de atención a los heridos y sentando un precedente para el servicio médico en tiempos de guerra.

La enfermera Fairchild demostró un notable ingenio en unas condiciones en las que la escasez de suministros médicos, alimentos, agua y otros servicios era drástica. Debido a la escasez de suministros médicos, improvisó, adaptándose a las circunstancias con ingenio y eficacia. Su habilidad para arreglárselas con recursos limitados mantuvo el funcionamiento de las instalaciones médicas y garantizó que los heridos recibieran la atención que necesitaban desesperadamente. El ingenio de Fairchild se convirtió en un símbolo de la capacidad de adaptación necesaria en tiempos de guerra.

A pesar de la escasez de suministros médicos, Fairchild reconoció el profundo daño psicológico que la guerra causaba a los soldados e incorporó elementos de apoyo emocional a su labor asistencial. En un entorno en el que la salud mental solía pasarse por alto, Fairchild proporcionó consuelo y comodidad, creando un entorno de curación para las cicatrices psicológicas de la guerra. El enfoque holístico de la atención médica de Fairchild demostró un profundo conocimiento de la interconexión entre el bienestar físico y mental, especialmente en el caso de los soldados en servicio activo.

Además, la incansable dedicación de Fairchild puso el listón muy alto para sus colegas. Su implacable ética de trabajo y su compromiso con los pacientes inspiraron a quienes la rodeaban, creando una cultura de excelencia en los equipos médicos. El efecto dominó de su influencia contribuyó a elevar el nivel de profesionalidad y compasión entre los médicos en tiempos de guerra, dando forma a la ética de los cuidados en el frente.

Aunque las cartas que escribía a su familia eran optimistas, las condiciones en las que trabajaba eran inimaginables. Un ejemplo que describe esas condiciones es que cuando los campamentos médicos estaban en primera línea, una de las tiendas fue alcanzada por una bomba, hiriendo en un ojo a una enfermera del personal. La operación se realizó de pie sobre un terreno fangoso y solo con una linterna como fuente de luz.

Trágicamente, el prematuro fallecimiento de la enfermera Fairchild supuso el último sacrificio por el avance de la atención médica en tiempos de guerra. Sin embargo, su impacto perduró más allá de su presencia física, sirviendo como testimonio del legado duradero de aquellos que, a través de su servicio desinteresado, redefinen los límites de la atención médica en las circunstancias más difíciles.

En los libros de historia de la asistencia sanitaria en tiempos de guerra, el impacto de la enfermera Fairchild es un testimonio de la resistencia, la innovación y la compasión que pueden florecer incluso en las condiciones más duras. Sus contribuciones se convirtieron en una guía para las generaciones posteriores de profesionales sanitarios, encarnando el espíritu de aquellos que, en el crisol de la guerra, redefinen las posibilidades de la atención médica y dejan un legado perdurable de compasión y excelencia.

La pasión impulsa los objetivos

El camino de la enfermera Fairchild hacia la profesión de enfermería estuvo entretejido con sus primeras inspiraciones para servir a la humanidad y con un impulso innato para aliviar el sufrimiento, lo que creó una naturaleza compasiva y le confirió un profundo sentido de la responsabilidad. Fairchild nació en una familia con una fuerte tradición de servicio y empatía, por lo que su infancia estuvo marcada por los valores de la compasión y el compromiso de ayudar a los demás.

Al crecer en una comunidad que daba prioridad al bienestar colectivo, Fairchild fue testigo directo del impacto de las personas que dedicaban su vida al servicio de los demás. Tanto si se trataba de familiares que atendían a vecinos enfermos como de líderes comunitarios que organizaban el apoyo a los necesitados, estas primeras experiencias inculcaron en Fairchild una profunda comprensión del poder transformador de la compasión y la atención.

Las interacciones de Fairchild con los profesionales sanitarios alimentaron sus aspiraciones durante sus años de formación. Inspirada por las enfermeras y médicos que trabajaban incansablemente para aliviar el sufrimiento, desarrolló un gran interés por la medicina. Sus visitas a clínicas y hospitales locales, a menudo acompañando a familiares en busca de atención médica, se convirtieron en experiencias significativas que encendieron su pasión por la curación y el deseo de contribuir al bienestar de los demás.

Al llegar a la edad adulta, la decisión de Fairchild de dedicarse a la enfermería fue una prolongación natural de su compromiso de toda la vida de hacer accesible el tratamiento y aliviar el sufrimiento. Impulsada por un profundo sentido de la empatía y el deseo de mejorar la vida de las personas con problemas de salud, se embarcó en una rigurosa formación de enfermería con una determinación inquebrantable.

Su camino hacia la profesión de enfermera no fue una mera elección profesional, sino una vocación que reflejaba sus creencias profundamente arraigadas. La determinación y la motivación que le daban sus aspiraciones definirían las excepcionales contribuciones de la enfermera Fairchild en el frente occidental durante la Primera Guerra Mundial, donde su espíritu compasivo y su compromiso por aliviar el sufrimiento se convirtieron en un faro de esperanza durante la caótica guerra.

En las trincheras repartidas por todo el frente occidental durante la Primera Guerra Mundial, la enfermera Fairchild forjó un inquebrantable vínculo de confianza con sus compañeras enfermeras, creando un espíritu colectivo y una determinación de resiliencia a pesar de los implacables desafíos de la guerra. El vínculo entre estas profesionales de la salud trascendió las nociones tradicionales de compañerismo, convirtiéndose en una hermandad unida por un propósito común: llevar consuelo y curación a las víctimas del conflicto.

Juntas recorrieron los hospitales improvisados, trabajaron incansablemente durante largas y arduas horas y se enfrentaron a la carga emocional de ser testigos del sufrimiento de innumerables soldados. Esta experiencia compartida hizo que las enfermeras se comprendieran mutuamente, que reconocieran en silencio sus cargas colectivas. En la escasez y la adversidad, se apoyaron mutuamente, creando un entorno en el que los puntos fuertes de cada enfermera compensaban las debilidades de la otra. La sinergia entre estas profesionales sanitarias ejemplificó el poder del trabajo en equipo en las circunstancias más difíciles.

Este ambiente resultó esencial para mantener la moral y la fortaleza a pesar de la constante afluencia de soldados heridos en busca de atención. En el entorno poco iluminado y cargado de problemas de las instalaciones médicas, Fairchild y sus colegas se convirtieron en compañeros de trabajo y pilares de apoyo mutuo. Juntos, encarnaron la determinación colectiva que definía su noble misión en medio del caos y el sufrimiento de la Primera Guerra Mundial.

Técnicas improvisadas innovadoras

En el desafiante entorno del frente occidental durante la Primera Guerra Mundial, el ingenio y la inventiva de la enfermera Fairchild brillaron mientras sorteaba la escasez de suministros médicos. Ante la falta de recursos, Fairchild se convirtió en una pionera de la improvisación, empleando técnicas innovadoras para proporcionar cuidados esenciales a los soldados heridos que tenía a su cargo.

Una de sus innovaciones más notables fue el uso de materiales locales como sustitutos del material médico convencional. Al no tener acceso a una gran cantidad de vendas y apósitos estériles, reutilizó ingeniosamente artículos como sábanas limpias y rotas y trozos de tela para crear vendajes improvisados. Este ingenioso método permitió conservar valiosos suministros y garantizar que los heridos recibían los cuidados necesarios a pesar de las limitaciones. Las latas, esterilizadas en condiciones improvisadas, se convirtieron en contenedores para esterilizar y almacenar instrumentos médicos. La capacidad de Fairchild para transformar objetos corrientes en herramientas médicas esenciales puso de manifiesto su capacidad de adaptación y su determinación para superar las limitaciones impuestas por la escasez en tiempos de guerra.

Las innovaciones de Fairchild no se limitaron a improvisar vendajes e instrumentos. También fue pionera en técnicas creativas para el cuidado de heridas. Consciente de la necesidad de mantener la limpieza en las condiciones de hacinamiento e insalubridad de las trincheras, ideó métodos alternativos para la irrigación de las heridas, a menudo con agua destilada obtenida por medios ingeniosos. Estas prácticas de higiene improvisadas fueron cruciales para prevenir infecciones y promover la curación.

Su ingenio también quedó patente en el uso estratégico del espacio disponible en los hospitales improvisados. Cajones, barriles y otros recipientes reutilizados se transformaron en unidades de almacenamiento médico, lo que le permitió organizar y localizar eficazmente los suministros esenciales. El uso eficiente del espacio se convirtió en un sello distintivo de su capacidad para crear entornos médicos funcionales a pesar de las difíciles circunstancias.

En ausencia de equipos médicos especializados, la capacidad de diagnóstico y el enfoque práctico de Fairchild se convirtieron en habilidades fundamentales. Se basaba en su juicio clínico y su experiencia para evaluar y tratar los problemas médicos, haciendo hincapié en un enfoque personalizado y atento a cada paciente. Este método centrado en el ser humano compensaba la falta de avances tecnológicos y subrayaba la naturaleza compasiva de sus cuidados.

La capacidad de la enfermera Fairchild para innovar en la adversidad simbolizaba la resistencia en el frente occidental. Sus técnicas improvisadas y sus ingeniosas estrategias respondieron a las necesidades médicas inmediatas y sentaron un precedente para la resolución creativa de problemas en la atención sanitaria. El ingenio de Fairchild mantuvo las operaciones médicas en las trincheras y se convirtió en un ejemplo perfecto del compromiso inquebrantable de los profesionales sanitarios para adaptarse y superar incluso las circunstancias más difíciles.

Relatos personales de la guerra

En medio de la confusión y el sufrimiento del frente occidental, el impacto del enfoque empático y la dedicación inquebrantable de la enfermera Fairchild resonó profundamente en los soldados que recibieron su tratamiento y cuidados. Los relatos personales de estos soldados ofrecen una imagen vívida de la enfermera compasiva e incansable que se convirtió en un consuelo en medio de los horrores de la guerra.

El soldado James Anderson, herido durante una escaramuza, relató su experiencia bajo los cuidados de la enfermera Fairchild con la mayor gratitud. Habló de su presencia tranquilizadora y describió cómo sus palabras y su suave tacto le reconfortaron y animaron durante un dolor insoportable. A pesar de estar en primera línea, estos profesionales sanitarios se esforzaron por proporcionar una atención excepcional. Anderson señaló que el enfoque empático de Fairchild iba más allá de la atención física. Se tomó el tiempo necesario para escuchar los temores y preocupaciones de los soldados, ofreciéndoles atención médica y un oído compasivo en un entorno desolador.

El sargento Thomas Mitchell sufrió una grave herida en la pierna durante una escaramuza. Recuerda vívidamente el momento en que la enfermera Fairchild le atendió con una dedicación excepcional. A pesar de la abrumadora carga de trabajo y los limitados recursos, Mitchell relató cómo Fairchild atendió incansablemente su herida, la enjuagó con agua destilada y aplicó vendajes adecuados para detener la hemorragia. Su compromiso de proporcionar una atención personalizada destacó, dejando una impresión duradera en Mitchell y reforzando la creencia de los soldados de que eran algo más que simples heridos. Eran personas que merecían compasión y respeto.

Otro militar, el soldado Robert Johnson, herido de bala, habló del apoyo emocional que recibió de Fairchild. Contó cómo las palabras empáticas y la preocupación genuina de Fairchild le sirvieron como salvavidas en momentos de desesperación y añoranza. Johnson subrayó que el papel de Fairchild iba más allá de lo médico. Se convirtió en una fuente de resistencia emocional, dando esperanza en la desesperación que invadía las instalaciones médicas.

Además de estos relatos, innumerables soldados fueron tratados y recibieron la atención adecuada mientras Helen estuvo de servicio. Su equipo también informó de sus esfuerzos. La cabo Sarah Turner, una enfermera colega de Fairchild, dio fe de su notable liderazgo y tutoría. Turner describió a Fairchild como una fuerza orientadora, siempre dispuesta a compartir sus técnicas innovadoras y sus conocimientos médicos con el equipo de enfermería. Turner destacó la capacidad de Fairchild para levantar el ánimo de los pacientes y de sus compañeros de profesión, creando un entorno que servía como esperanza en medio de la cruda realidad de la guerra.

Su dedicación superó la llamada del deber, dejando un impacto duradero en los soldados que tuvieron la suerte de experimentar su enfoque compasivo de la curación en el complicado frente occidental.

Desafíos de las afecciones médicas provocadas por la guerra

La adaptabilidad y resistencia de la enfermera Fairchild se pusieron a prueba cuando el frente occidental introdujo nuevos y devastadores desafíos en las afecciones médicas inducidas por la guerra, especialmente el envenenamiento por gas y la neurosis de guerra. En estos traumas cambiantes, demostró una notable capacidad para adaptar su enfoque asistencial y tratar las complejas y a menudo invisibles heridas infligidas por la guerra moderna.

El envenenamiento por gas, una siniestra arma de la guerra química, supuso un reto sin precedentes para los profesionales médicos. Como estos métodos de guerra química eran nuevos en la Primera Guerra Mundial, faltaban antídotos especializados o protocolos de tratamiento establecidos para abordar los retos y complicaciones que comportaban. Estos nuevos actos de guerra exigían respuestas innovadoras. Haciendo uso de su ingenio, Fairchild puso en práctica métodos improvisados para aliviar los síntomas de la exposición al gas. Su rapidez mental y su capacidad de adaptación ante la falta de remedios específicos fueron decisivas para aliviar a los soldados afectados, lo que demuestra su empeño en mantenerse a la vanguardia del cambiante panorama de las afecciones médicas provocadas por la guerra.

Aunque las muertes causadas por la guerra química fueron inferiores al uno por ciento, el miedo a sufrir estos gases se inculcó en los soldados. En estos tiempos desesperados, escuchar palabras reconfortantes les infundía valor y reducía su trauma psicológico. La exposición al gas mostaza provocaba ampollas y quemaduras en la piel. Los vapores del gas, al ser inhalados, causaban daños pulmonares. Las toxinas del gas también causaban daños evidentes en el hígado. Miles de hombres pasaban diariamente por las estaciones médicas empapados de gas mostaza. Las ropas contaminadas por el líquido afectaban a las enfermeras, exponiéndolas al gas mostaza, ya que eran las encargadas de quitar la ropa y atender a los heridos. Más tarde, una autopsia reveló que los daños hepáticos que sufrió Fairchild se debían en parte a la exposición al gas mostaza.

La neurosis de guerra, término utilizado tras la Primera Guerra Mundial para describir las secuelas psicológicas del combate, se convirtió en otro reto formidable. Las heridas mentales y emocionales infligidas por los constantes bombardeos y la exposición a los horrores de la guerra requerían un enfoque matizado y compasivo. Fairchild reconoció la necesidad de adaptar sus técnicas asistenciales para tratar las cicatrices psicológicas invisibles dejadas por la neurosis de guerra. Se convirtió en defensora del apoyo a la salud mental, incorporando intervenciones terapéuticas y asesoramiento emocional a sus métodos asistenciales.

Además, a medida que aumentaba la prevalencia de estos trastornos médicos inducidos por la guerra, Fairchild asumió un papel proactivo en la formación de su equipo de enfermería sobre la naturaleza cambiante de los traumas experimentados por los soldados. Su liderazgo creó un entorno de aprendizaje y adaptación continuos, garantizando que el personal de enfermería estuviera preparado para proporcionar una atención integral a quienes se enfrentaban a los polifacéticos retos de la guerra moderna.

La adaptabilidad mostrada por la enfermera Fairchild al tratar el envenenamiento por gas mostaza y la neurosis de guerra ejemplificó su dedicación para mantenerse al día de la naturaleza dinámica de los traumas de guerra. Su voluntad de adoptar enfoques innovadores y su defensa de la atención holística reforzaron la noción de que la profesión médica debe evolucionar junto con el cambiante panorama de los conflictos. La capacidad de adaptación de Fairchild se convirtió en una fuente de esperanza y curación en el crisol de la guerra, demostrando que, bajo su atenta mirada, incluso en las circunstancias más difíciles, la atención compasiva podía adaptarse para atender las diversas y cambiantes necesidades de los soldados.

Aunque Fairchild sentía una pasión implacable por proporcionar cuidados y tratamiento médico a los heridos en el frente, tenía problemas médicos que le pasaban desapercibidos. Fairchild tenía antecedentes de dolor abdominal, dolor que aumentó gradualmente durante su estancia en el frente. Justo antes de la Navidad de 1917, experimentó un fuerte dolor abdominal y otros síntomas, como vómitos y diarrea. Tras una evaluación más detallada y un examen radiográfico, se detectó una úlcera gástrica en la abertura inferior del estómago.

En enero de 1918, Fairchild fue operada y se estaba recuperando muy bien, pero de repente entró en coma y murió. Un nuevo examen *post mortem* reveló que su hígado había desarrollado complicaciones por la inhalación del cloroformo utilizado para la anestesia durante las intervenciones quirúrgicas de urgencia y el gas mostaza empleado durante la batalla. No obstante, personas valientes y decididas como Helen Fairchild lo dieron todo para proteger a su patria y cambiar el mundo a su favor.

Capítulo 10: El cabo primero Albert Jacka: la primera Cruz Victoria de Australia

Este capítulo final de las biografías de la Primera Guerra Mundial relata los actos de valor que convirtieron al cabo primero Albert Jacka en el primer galardonado con la Cruz Victoria de Australia durante la Primera Guerra Mundial. Se detallan las acciones, decisiones y batallas específicas que demostraron su excepcional valentía y liderazgo en el frente. Este capítulo también explora los años de formación de Jacka en Victoria, Australia, estableciendo conexiones entre su dura educación y su destreza en el campo de batalla, así como destacando sus instintos de liderazgo, que perfeccionó incluso antes de su reconocimiento, un acto que le hizo ganar el cariño de sus compañeros soldados. Además, se habla sobre la campaña de Gallipoli y los intrincados detalles de la guerra de trincheras que marcaron la heroicidad de Jacka y le valieron la concesión de la Cruz Victoria, a pesar de las abrumadoras adversidades a las que se enfrentaba.

Albert Jacka fue el primer australiano en recibir la Cruz Victoria durante la Primera Guerra Mundial

Los años de formación de Albert Jacka

Nacido en enero de 1893 en Victoria (Australia), Albert Jacka era hijo de Nathaniel Jacka, un productor lechero y contratista de las minas y los ferrocarriles de Victoria. Además de dedicarse a diferentes actividades deportivas, como el ciclismo y el boxeo, el joven Albert trabajó para su padre al terminar la escuela primaria. Más tarde, solicitó el servicio en el Departamento de Bosques del Estado de Victoria, donde estuvo empleado hasta la Primera Guerra Mundial. Tras los arrasadores acontecimientos que desencadenaron y luego extendieron la guerra, se creó la Fuerza Imperial Australiana. Albert Jacka se alistó poco después y, a mediados de septiembre de 1914, estaba entrenando con el 14º Batallón. Un mes más tarde, su unidad fue enviada a Inglaterra para completar su entrenamiento antes de ser desplegada en el frente occidental. Sin embargo, los planes cambiaron debido a la inesperada alianza turca con los alemanes y la división de Jacka fue enviada a Egipto. En un principio, solo se les envió para que siguieran entrenándose y como ayuda de reserva para la defensa del canal de Suez.

Desarrollo de instintos de liderazgo

Durante su periodo de preparación, la unidad australiana se entrenó junto a otras divisiones que tenían enfoques más estrictos de la disciplina. Debido a esto, la unidad de Jacka fue vista inicialmente como muy indisciplinada y desafiante de la autoridad. Sin embargo, esto cambió pronto, ya que Jacka tomó la iniciativa de implantar un estilo de liderazgo más agresivo, que inspiraba lealtad. Mostró y fomentó el valor durante el entrenamiento, lo que hizo que sus hombres le respetaran aún más. Incluso sus enemigos hablaban de él con temor. Se le describía como franco y poco tolerante con la algarabía y no tenía mucha diplomacia ni delicadeza. Aunque esto no le granjeó ningún favor de sus superiores, cimentó su reputación entre sus hombres, que era lo que en última instancia importaba en el campo de batalla. Para cuando su unidad se unió a las brigadas neozelandesas y formó la división neozelandesa y australiana dirigida por el general Alexander Godley, la Mafia de Jacka (como se la conocía) era una unidad bien organizada y lista para luchar. Esto era bueno, porque pronto tendrían su primer contacto con la guerra y se embarcarían en una de las campañas militares más controvertidas de la historia.

La campaña de Galípoli

A partir del 26 de abril de 1915, el batallón de Albert Jacka fue destinado a Galípoli, donde continuó su entrenamiento. Los turcos no tardaron en acercarse a la zona donde se encontraba la división neozelandesa y australiana y lanzaron un ataque, tratando de hacerlas retroceder hacia el mar. Los soldados australianos se vieron obligados a retroceder hasta la orilla mientras entablaban combate con el enemigo. A pesar de tener menos de una hora para prepararse para el ataque que se avecinaba, la división defendió Courtney's Post (un pequeño sector de sus trincheras), pero los soldados turcos ocuparon su borde. Valiente como siempre, Jacka propuso recuperar todo el puesto bajo su control. Sin embargo, su primer intento de ejecutar un contraataque con todas sus fuerzas fracasó. Tenían poco margen de maniobra y los turcos tenían la ventaja de conocer mejor el terreno. Los soldados turcos los inmovilizaron fácilmente con fuego pesado, hiriendo a varios de los soldados australianos, gravemente a uno de ellos. Jacka regresó inmediatamente a su línea.

Al darse cuenta de que un grupo no podría pasar, pero una sola persona tendría más posibilidades de avanzar sin llamar la atención, Jacka cargó a través del espacio para alcanzar las posiciones turcas. Mientras tanto, su comandante creó una distracción lanzando dos granadas y abriendo fuego contra los turcos para permitir a Jacka rodear y sorprender al enemigo por la retaguardia. Una vez que llegó a la trinchera situada detrás de las líneas enemigas, empezó a disparar y estaba decidido a seguir haciéndolo hasta que llegaran los refuerzos. Inmediatamente, abatió a dos soldados turcos con la bayoneta y a otros cinco con su fusil. Tomados por sorpresa, el resto de los turcos debieron pensar que estaban siendo atacados por el flanco por un grupo entero, así que corrieron de vuelta a sus líneas, y Jacka pudo mantener la trinchera. Su comandante llegó unas horas más tarde y encontró a Jacka esperándolo tranquilamente. Por este acto de valor tan conspicuo en la noche del 19 al 20 de mayo de 1915, en la península de Galípoli, Albert Jacka recibió la prestigiosa condecoración de la Cruz Victoria. Fue la primera Cruz Victoria concedida a un miembro de las Fuerzas Imperiales Australianas en la Primera Guerra Mundial.

Sin embargo, Jacka y sus camaradas participarían en muchas más batallas en Galípoli. En agosto de 1915, intentaron ampliar su territorio desde aquella estrecha playa que habían ocupado en mayo. Luchando en el escarpado terreno de Chunuk Bair, el batallón tenía otra misión de apoyo a las tropas británicas que llegaban a la bahía de Suvla. Estos intentos tuvieron tanto éxito como los anteriores y casi seiscientos hombres murieron en los primeros días de enfrentamiento con los turcos. Jacka dejó constancia de su frustración en su diario tras ver cómo casi todo su batallón era aniquilado. Con solo doscientos hombres, por las bajas, esto fue solo el comienzo de un período de duros combates. Aunque las bajas seguían aumentando, Jacka prosperaba en el campo de batalla. Participó en varios combates más contra los turcos, a menudo solo o con apenas refuerzos. Gracias a su valentía, a finales de agosto fue ascendido a cabo.

Salida y regreso a Egipto

Tras meses de ardua lucha, la división australiana y el resto de los soldados aliados se retiraron de Galípoli en diciembre de 1915. Para entonces, el número de bajas australianas ascendía a más de 25.000. El batallón Jacka fue enviado a la isla de Lemnos, en el mar Egeo, para pasar las vacaciones, pero se le ordenó regresar a Egipto en enero de

1916. A su regreso, en marzo, fue organizado en brigadas más pequeñas. Cuando terminó la reorganización, Jacka fue nombrado subteniente. Había ostentado el título de sargento mayor de compañía desde mediados de noviembre. De nuevo destinado en Egipto, Jacka recibió el encargo de formar oficiales hasta que se convirtió en subteniente en abril. En sus testimonios, sus camaradas y superiores no dudaron en expresar su admiración por la gallardía y el espíritu inquebrantable de Jacka en el frente de la Gran Guerra. E. J. Rule, un nuevo soldado asignado a su batallón, esperaba encontrarse con Jacka, un orgulloso oficial militar que se esforzaba por añadir más a la prestigiosa condecoración que había recibido. En lugar de ello, se sorprendió al encontrarse con un soldado seguro de sí mismo y franco, de carácter fuerte, que no tenía otra aspiración más que luchar junto a sus camaradas. Al empezar el entrenamiento, el soldado describió a Jacka como una auténtica roca (a pesar de su complexión media y su nariz torcida). Cuando alguno empezaba a perder la fe o el valor en medio de los combates infructuosos, solo tenía que mirar la determinación de Jacka para seguir adelante y sacar fuerzas para seguirle. El soldado comentó que el carácter de Jacka nunca cambió a pesar de todos los ascensos y premios que recibió. Sus hombres estaban encantados de formar parte de la «Mafia de Jacka» porque sabían sin lugar a dudas que, gracias a él, formaban parte de la unidad más fuerte del 14º Batallón de la Fuerza Imperial Australiana.

Destinos posteriores

A mediados de 1916, el batallón de Jacka fue desplegado en Francia y entró de nuevo en guerra, esta vez luchando contra los alemanes. Encargado de desviar la atención de las tropas alemanas de las incursiones británicas en el sur del país, el batallón australiano participó en una serie de arduas incursiones. A pesar de ir armados con cascos de acero, máscaras antigás y munición pesada, los combates costaron la vida a muchos soldados australianos, pero lo peor estaba aún por llegar. Cuando las fuerzas aliadas se dieron cuenta de que la ofensiva del Somme lanzada en el norte de Francia estaba a punto de fracasar, enviaron al batallón de Jacka como refuerzo. Llegaron al pueblo de Pozières, que estaba fuertemente fortificado con fuerzas y municiones alemanas, incluidas ametralladoras y trincheras. En pocas palabras, los alemanes transformaron este pueblo francés, hasta entonces tranquilo, en una fortaleza y lo defendieron con éxito contra las fuerzas aliadas.

Aunque estas causaron muchos daños a las trincheras alemanas e incluso obligaron a sus unidades de primera línea a replegarse y buscar refugio en zonas de ocultación improvisadas, esto tuvo un alto costo. El primer día de batalla se perdieron más de 50.000 soldados aliados.

Ejecutando un plan magistralmente pensado, la división australiana atacó Pozières y se apoderó rápidamente del pueblo. Aunque también sufrieron más de quinientas bajas, lucharon valientemente y derrotaron a los alemanes. Incluso los soldados australianos más veteranos describieron la batalla de Pozières como una de las más difíciles de la guerra. Tras la carnicería, Jacka quedó desolado al descubrir que solo quedaban siete hombres ilesos a su mando. Además, aunque los australianos habían ganado la batalla, aún tenían que aferrarse al pueblo y defenderlo de los refuerzos alemanes, que llegaron con cinco batallones decididos a recuperar el control de Pozières a toda costa.

Caminando por un foso con un pequeño grupo de sus soldados, Jacka se dio cuenta de que el ataque había comenzado cuando los alemanes lanzaron dos granadas en el territorio de su unidad, hiriendo a dos de sus soldados. Fiel a su estilo, Jacka saltó inmediatamente al rescate y disparó al guardia alemán que había lanzado la granada. Jacka ideó un plan en el que sus hombres rompían las líneas alemanas y huían para reunirse con el resto de su batallón apostado a las afueras del pueblo. Sin embargo, antes de que tuvieran tiempo de actuar, se percató de que un numeroso grupo de soldados alemanes se dirigía hacia ellos con cuarenta cautivos australianos a cuestas. Jacka calculó que los alemanes eran al menos 150. A pesar de ello, una vez más ejecutó un rápido ataque sorpresa que dejó al enemigo confundido y se rindió rápidamente, pensando que estaban siendo atacados por un grupo tan grande como el suyo. Cuando los alemanes soltaron sus armas sorprendidos, los cuarenta prisioneros australianos las recogieron y se unieron a sus compañeros contra el enemigo. Los demás batallones alemanes se unieron a la batalla y se produjo otra lucha encarnizada entre los soldados alemanes y los australianos. Cuando se les acabó la munición, Jacka y sus hombres lucharon con los puños, adoptando una postura heroica incluso después de sufrir numerosas heridas.

Según recuerdan algunos de sus compañeros, Jacka mató entre doce y veinte alemanes en combate cuerpo a cuerpo. Al final, los alemanes se rindieron, pero se pensó que Jacka había muerto en el campo de batalla. Gracias a su fuerza de voluntad, gravemente herido y apenas consciente, se arrastró hasta las líneas australianas. Fue descubierto por los camilleros que buscaban supervivientes en el campo de batalla. Fue sacado rápidamente de Francia y trasladado a Inglaterra para recuperarse de sus heridas. Albert Jacka recibió otra prestigiosa condecoración por este acto de gran valor, la Cruz Militar, seguida de una barra por sus acciones en Bullecourt (aunque algunos sostienen que la hazaña de Pozières rivalizó con la de Galípoli y que, en su lugar, debería haber recibido una segunda Cruz Victoria).

Las acciones de Jacka en Pozières fueron descritas a diario por Charles Bean, historiador oficial de guerra australiano que estuvo presente en las batallas francesas. Bean calificó la rapidez con la que Jacka sorprendió a los alemanes para que se rindieran, liberó a los cautivos australianos y luchó contra el enemigo como el logro más eficaz y dramático en la historia de la Fuerza Imperial Australiana.

Más tarde, en los sucesos de Bullecourt, Jacka volvió a demostrar un gran valor cuando desafió a su comandante, que había ordenado atacar al enemigo a pesar de la falta de preparativos. Decidido a defender a sus hombres, Jacka aconsejó a su comandante que perfeccionara su plan; de lo contrario, sufrirían tremendas pérdidas. Sus advertencias fueron ignoradas y más de 2.000 soldados australianos murieron en la batalla. Jacka hizo varios viajes a la zona de peligro, ayudando a los soldados aliados a seguir con su avance. Dirigió meticulosamente los tanques británicos de apoyo hasta su posición, contribuyendo aún más a la victoria aliada.

Fama en su patria

Poco después de que la noticia de sus actos heroicos en el primer combate de Galípoli se extendiera por Australia, Jacka saltó rápidamente a la fama en su país natal. Aunque regresaría a casa mucho más tarde, eso no impidió que los australianos lo presentaran en las noticias y en los anuncios, incluidos los de reclutamiento militar. El empresario australiano John Wren concedió a Albert Jacka un reloj de oro y un premio en metálico para acompañar su condecoración con la Cruz Victoria. Algunos periódicos locales llegaron a describir a Jacka como la encarnación del espíritu de toda la División de Nueva Zelanda y Australia.

Su nombre estuvo incluso ligado a un dilema relacionado con el servicio militar obligatorio. Aunque el entrenamiento militar era obligatorio para todos los hombres capaces en Australia, solo era obligatorio para servir en los territorios nacionales. El despliegue en ultramar estaba reservado a los voluntarios, cuyo número disminuyó rápidamente tras el estallido de la Primera Guerra Mundial. Al oír hablar de los horrores de los campos de batalla europeos, pocos querían entrar en la guerra. Por ello, el gobierno australiano se vio obligado a buscar nuevas formas de ampliar sus tropas. Algunos propusieron inicialmente hacer obligatorio el servicio en ultramar, pero muchos se opusieron. En 1915, el fiscal general William Morris Hughes declaró que ningún soldado australiano sería enviado a la guerra contra su voluntad. Sin embargo, como las cifras de reclutamiento seguían disminuyendo, se vio obligado a cambiar su postura, lo que marcó el inicio de un debate a escala nacional. Fue entonces cuando la fama de Jacka entró en escena. Su nombre y sus logros se divulgaron por toda Australia, especialmente en Victoria, con la esperanza de utilizarlos como incentivo para reclutar más soldados. Al mismo tiempo, los anti reclutamiento también utilizaron su nombre. El padre de Jacka pertenecía a este último grupo y hacía campaña contra el reclutamiento, lo que más tarde causó una división entre él y su hijo. El padre de Jacka nunca estuvo de acuerdo con que se alistara en el ejército, por lo que su relación fue tensa desde su despliegue y se deterioró con el paso de los años.

A medida que ascendía en el escalafón, hasta llegar a capitán en la primavera de 1917, Jacka recibió numerosos premios y nominaciones que no hicieron sino aumentar su estatus de celebridad, ya de por sí muy difundido. Sin embargo, su comportamiento siguió siendo el mismo, lo que, según algunos, le costó ascender más en la escala militar. Su carácter franco no era bien visto por sus superiores, que esperaban más delicadeza del ya veterano soldado. No le importaban las sutilezas, porque no perseguía logros individuales. Era simplemente un soldado valiente que destacaba en el campo de batalla y se convirtió en un líder admirado por muchos.

Años posteriores

Tras la victoria contra los alemanes, se pidió a Jacka que regresara a su patria y participara personalmente en el reclutamiento. Aunque el gobierno australiano esperaba que Jacka aceptara ayudar en los esfuerzos bélicos en su país, se decepcionó. Jacka rechazó la misión y pidió que lo enviaran de vuelta a su batallón. Regresó a su unidad en diciembre de 1916 y siguió luchando junto a sus camaradas hasta mediados de 1918, cuando resultó gravemente herido y se vio obligado a retirarse definitivamente del servicio. Aunque sufrió múltiples heridas en los años anteriores (incluida la vez que cayó inconsciente y se le creyó muerto en 1916 y una herida por la bala de un francotirador en julio de 1917), se recuperó rápidamente y siguió sirviendo de inspiración a los jóvenes soldados que servían bajo sus órdenes. Sin embargo, esta última lesión fue debilitante y, en última instancia, puso fin a su carrera militar activa. Aun así, incluso cuando no pudo volver a la batalla, su reputación como uno de los guerreros más respetados de las Fuerzas Imperiales Australianas (y posiblemente también de todas las divisiones neozelandesa y australiana) permaneció intacta.

Jacka regresó a casa por última vez en octubre de 1919. Fue recibido con un gran desfile que lo llevó por las calles de Melbourne, con multitudes coreando su nombre y celebrando sus logros. Fue licenciado oficialmente del servicio militar a principios de 1920. Jacka y tres de sus compañeros del 14º Batallón abrieron un negocio conjunto de importación. En 1921, Albert Jacka se casó y continuó explotando su empresa hasta 1930, cuando el negocio fue liquidado debido a los aranceles de importación, recién impuestos y muy inflados, destinados a contrarrestar los efectos de la Depresión. Poco después de la liquidación de su empresa, Jacka se convirtió en alcalde de St Kilda. Era una gran responsabilidad, especialmente en la devastada Australia de la era de la Depresión, dominada por la pobreza. Sin embargo, lo afrontó con la misma determinación que sus misiones militares. Se esforzó por ayudar a quienes habían perdido su empleo debido a la Depresión y utilizó su fama y sus conexiones políticas para ayudar a quienes necesitaban una mano para mantener a sus familias. El creciente número de responsabilidades, unido a las numerosas heridas que recibió durante su servicio militar, hicieron mella en la salud de este héroe de guerra. A mediados de diciembre de 1931, Jacka fue hospitalizado y, un mes después, falleció a la edad de 39 años. Su entierro en St Kilda se llevó a cabo con todos los honores militares y en presencia de ocho condecorados con la Cruz Victoria que le honraron actuando como portadores del féretro en su funeral.

Conclusión

El de héroe es un título que no se puede poner a alguien sin la debida consideración. Los sacrificios y la abnegación por defender sus países e ideales hacen únicos a los héroes de la Primera Guerra Mundial, sobre todo si se tiene en cuenta que navegaban por el territorio desconocido de un conflicto mundial. Se adentraron en la cima del peligro, cosechando victorias dramáticas y derrotas estremecedoras. Muchos dieron sus vidas enarbolando las banderas de sus unidades, países o escuadrones.

Fundirse en el vacío sin rostro de la gran narrativa es el destino de muchos héroes anónimos. Los nombres de algunos de los valientes que murieron en la Primera Guerra Mundial se han perdido con el paso del tiempo. Se registran sus logros, aventuras, tribulaciones y victorias, pero no siempre se les menciona al hablar de la Gran Guerra. Sería una tragedia que cayeran totalmente en el olvido, por lo que la sociedad debe mantener vivos los nombres de los héroes de guerra por respeto a sus sacrificios para construir el mundo moderno.

La Primera Guerra Mundial marcó el comienzo de la era de la gobernanza mundial y el desarrollo de reglas de enfrentamiento. Las instituciones construidas durante y después de la guerra no fueron eficaces al 100 %, teniendo en cuenta que se produciría otra guerra mundial. Sin embargo, fueron un paso en la dirección correcta para construir un mundo pacífico y más tolerante. El proyecto sigue en marcha, por lo que es esencial resaltar las partes más brillantes del espíritu humano para que brillen en la psique de la civilización en general e impulsar a la gente hacia un mundo que maximice el bienestar de sus ciudadanos globales. Puede parecer ingenuo, pero la humanidad debe tener un objetivo ideológico al que apuntar.

La abnegación, la resistencia y el valor de los héroes de la Gran Guerra son innegables. Destacar las historias individuales de estas personas increíbles expone el lado humano de la guerra. Leer cifras y datos fríos y duros en una pantalla no capta la tragedia del conflicto. La realidad de la guerra es que la gente es recompensada y alabada por matar a otras personas, porque los gobiernos mundiales no pueden llegar a soluciones diplomáticas. A lo largo de la historia, la guerra ha sido una parte inevitable de la experiencia humana. Sin embargo, la inevitabilidad de la guerra no oculta la desgarradora carnicería y la pérdida generalizada que causa a muchos niveles.

Los efectos de la Primera Guerra Mundial siguen sintiéndose hoy en día porque marcó el paso de la era imperial a la era de los estados-nación. Mientras la civilización se esfuerza por construir sistemas justos que representen al pueblo, hay que valorar a la gente corriente que dedicó su vida a conseguir esos fines en un conflicto brutal. Este libro sirve como guía para profundizar en la investigación de las figuras heroicas que exhibieron el mayor potencial de la humanidad, incluso en los tiempos más oscuros.

Mira otro libro de la serie

Referencias

(N.d.). Alarabiya.net. https://english.alarabiya.net/perspective/profiles/2013/08/18/The-British-Bedouin-Lawrence-of-Arabia-s-125th-birth-anniversary

(sin fecha). Arabnews.com. https://www.arabnews.com/node/305958

(N.d.-a). Fee.org. https://fee.org/articles/the-harlem-hellfighters-the-incredible-story-behind-the-most-decorated-us-regiment-in-world-war-i/

(N.d.-b). Iowa.gov. https://history.iowa.gov/sites/default/files/history-education-nhd-projects-categories-sample-harlem-paper.pdf

«Pat» Pattle. (s.f.). Acesofww2.com. https://acesofww2.com/safrica/aces/pattle/

American Experience. (2017, 3 de abril). Las dos vidas de Eugene Bullard. American Experience. https://www.pbs.org/wgbh/americanexperience/features/great-war-two-lives-eugene-bullard/

Andrews, E. (2016, 16 de septiembre). As de ases: Cómo el Barón Rojo se convirtió en el piloto de caza más legendario de la Primera Guerra Mundial. HISTORY. https://www.history.com/news/ace-of-aces-how-the-red-baron-became-wwis-most-legendary-fighter-pilot

El venerable Albert Jacka de Australia. (2023, 14 de septiembre). Warfare History Network. https://warfarehistorynetwork.com/article/australias-venerable-albert-jacka/

Bainger, F. (2015, 25 de mayo). La hija del farero. Australian Geographic. https://www.australiangeographic.com.au/topics/history-culture/2015/05/the-lighthouse-keepers-daughter/

Bath, G. (2019, 25 de abril). La historia de Fay Howe, la última mujer que verían miles de soldados antes de ir a la guerra. Mamamia. https://www.mamamia.com.au/anzac-day-2019-women/

CULTURA BEDUINA. (s.f.). Bedawi.com. https://bedawi.com/Bedouin_Culture/

Browne, O. (2006, 12 de junio). T.E. Lawrence: El enigmático «Lawrence de Arabia». HistoryNet. https://www.historynet.com/te-lawrence-the-enigmatic-lawrence-of-arabia/

Butler, S. (2014, 31 de julio). Gigante para dar vida a la leyenda. Yahoo Noticias. https://au.news.yahoo.com/giant-to-bring-legend-to-life-24602928.html

Byrne, K. (2022, 11 de noviembre). Conozca al estadounidense que inspiró a la nación en dos guerras mundiales: El soldado cristiano sargento Alvin York. Fox News. https://www.foxnews.com/lifestyle/meet-american-who-inspired-nation-two-world-wars-christian-soldier-sgt-alvin-york

Calitz, G. (2022, 18 de enero). Pat Battle - La mejor carta del *Commonwealth* en la WWII Ace. Flightlineweekly. https://www.flightlineweekly.com/post/pat-pattle-the-commonwealths-top-wwii-ace

Capitán Albert Jacka. (s.f.). Gov.Au. https://www.awm.gov.au/collection/P11033363

Clark, L. (2021, 24 de febrero). *Tout le Sang Coule Rouge*: La historia de Eugene Bullard. Historic America. https://www.historicamerica.org/journal/2021/2/24/tout-le-sang-coule-rouge-the-story-of-eugene-bullard

Cockburn, D. J. (2015, 21 de octubre). Inspiración: La leyenda de Edith Cavell. Cockburn's Eclectics. https://cockburndj.wordpress.com/2015/10/21/inspirations-the-legend-of-edith-cavell/

Dahl, R. (1986). Going Solo. Johnathon Cape.

Demonceau, O. (s.f.). La historia de Edith Cavell - BECCG Bruselas Bélgica. Edith-Cavell-Belgium.Eu. http://www.edith-cavell-belgium.eu/edith-cavell-story.html

Dickens, P. (s.f.). Marmaduke Pat Pattle -. The Observation Post. https://samilhistory.com/tag/marmaduke-pat-pattle/

Eugene Bullard: boxeador, piloto, soldado, espía y ascensorista. (2017, 12 de abril). Georgia Humanities. https://www.georgiahumanities.org/2017/04/12/eugene-bullard-boxer-fighter-pilot-soldier-spy-and-elevator-operator/

Eugene J. Bullard. (s.f.). Airandspace.si.edu. https://airandspace.si.edu/stories/editorial/eugene-j-bullard

Feloni, R. (2017, 17 de agosto). Hace 100 años, el verdadero Lawrence de Arabia escribió un panfleto de liderazgo lleno de ideas que siguen siendo útiles hoy en día. Business Insider. https://www.businessinsider.com/lawrence-of-arabia-leadership-insights-from-27-articles-2017-8

Fraser, H. (2014, 4 de enero). La Primera Guerra Mundial: Lawrence de Arabia en Jordania. Corinthian Travel Blog. https://www.corinthiantravel.co.uk/blog/the-first-world-war-lawrence-of-arabia-in-jordan/

GM. (2020, 6 de septiembre). Las túnicas beduinas de Lawrence de Arabia -. Visitas virtuales de Joy of Museums; JOY of MUSEUMS. https://joyofmuseums.com/museums/united-kingdom-museums/ashmolean/lawrence-of-arabia-bedouin-arab-robes/

Google Arts & Culture. (s.f.). La heroica historia de Edith Cavell. Google Arts & Culture. https://artsandculture.google.com/story/the-heroic-story-of-edith-cavell/vwVRDXLK3mGgIQ

Gov, W. A., & Insignia, A. (s.f.). Compañero de batalla de la Primera Guerra Mundial. Abmc.gov. https://www.abmc.gov/sites/default/files/publications/ABMC_WWI%2520Battlefield%2520Companion%2520Book_20180904.pdf

Harvey, I. (2018, 17 de agosto). ¿La mejor carta aliada de la Segunda Guerra Mundial? - Pat Pattle, el piloto más exitoso de Sudáfrica. Warhistoryonline; War History Online. https://www.warhistoryonline.com/war-articles/south-african-ace-pilot.html

Helen Fairchild. (2016, 16 de junio). Teoría de la enfermería. https://nursing-theory.org/famous-nurses/Helen-Fairchild.php

Lawrence de Arabia. La guerra árabe. Tácticas. (s.f.). Pbs.org. https://www.pbs.org/lawrenceofarabia/revolt/warfare3.html

Lawrence de Arabia. Supervivencia en el desierto. Descripción de Lawrence de un festín beduino. (s.f.). Pbs.org. https://www.pbs.org/lawrenceofarabia/revolt/food2.html

Lawrence de Arabia. El príncipe Feisal. (s.f.). Pbs.org. https://www.pbs.org/lawrenceofarabia/players/feisal.html

Lawrence de Arabia: El hombre detrás de la toga. (s.f.-a). Nam.ac.uk. https://www.nam.ac.uk/explore/lawrence-arabia-man-behind-robes

Lecciones de liderazgo del Barón Rojo. (s.f.). Base aérea de Ramstein. https://www.ramstein.af.mil/News/Commentaries/Display/Article/305692/leadership-lessons-from-the-red-baron/

Lo Wang, H. (2014, 1 de abril). Los Hellfighters de Harlem: La lucha contra el racismo en las trincheras de la Primera Guerra Mundial. NPR.

https://www.npr.org/sections/codeswitch/2014/04/01/294913379/the-harlem-hellfighters-fighting-racism-in-the-trenches-of-wwi

Biografía de Manfred von Richthofen. (sin fecha). Uni-stuttgart.de. https://www.hi.uni-stuttgart.de/wgt/ww-one/Start/Bleed_White/Military_Pilots/term_17399.html

Manfred von Richthofen (sin fecha). Newworldencyclopedia.org. https://www.newworldencyclopedia.org/entry/Manfred_von_Richthofen

Murphy, S. (s.f.). La niña del faro, por Dianne Wolfer. Aussiereviews.com. https://aussiereviews.com/2009/08/lighthouse-girl-by-dianne-wolfer/

Museo Nacional del Ejército de los Estados Unidos. (s.f.). Thenmusa.Org. https://www.thenmusa.org/biographies/alvin-c-york/

No.80 Escuadrón. (s.f.). Nationalcoldwarexhibition.org. https://www.nationalcoldwarexhibition.org/research/squadrons/80/

Patrick, B. K. (2017, 30 de agosto). Las cartas de una enfermera del ejército llaman la atención sobre el cuerpo durante la Primera Guerra Mundial. Military.com. https://www.military.com/history/army-nurse-helen-fairchild.html

Barón Rojo. (2009, 9 de noviembre). HISTORY. https://www.history.com/topics/world-war-i/manfred-baron-von-richthofen

Schlitz, H. (2018, 12 de noviembre). El verdadero Barón Rojo. College of Liberal Arts & Sciences at Illinois. https://las.illinois.edu/news/2018-11-12/real-red-baron

Cartas aéreas de Sudáfrica 1939-1945 - sociedad sudafricana de historia militar. (s.f.). Samilitaryhistory.org. http://samilitaryhistory.org/vol013dt.html

Stilwell, B. (2020, 23 de octubre). «La Golondrina Negra de la Muerte» fue un héroe americano de Francia y el primer piloto de caza negro. Military.com. https://www.military.com/history/black-swallow-of-death-was-american-hero-of-france-and-first-black-fighter-pilot.html

Swopes, B. (s.f.). Marmaduke Thomas St. John Pattle. Thisdayinaviation.com. https://www.thisdayinaviation.com/tag/marmaduke-thomas-st-john-pattle/

T. E. Lawrence y el arte de la guerra en el siglo XXI. (2011, 13 de julio). The History Reader. https://www.thehistoryreader.com/military-history/t-e-lawrence-art-war-twenty-first-century/

Tarver Obra revisada: L. (1978). En la casa de la sabiduría: T. E. Lawrence en Oriente Próximo. Fu-berlin.de. https://blogs.fu-berlin.de/expertsandknowledges/files/2011/10/260210.pdf

La niña de la isla de Breaksea: Página de archivo: The University of Western Australia. (sin fecha). Edu.au. https://www.news.uwa.edu.au/archive/201411097126/girl-breaksea-island/

La niña del faro. (2019, 10 de diciembre). Issuu. https://issuu.com/aust-maritime-safety-authority/docs/amsa_working_boats_october_2019_digital/s/1.58514

The New York Times. (1964, 3 de septiembre). Muere el sargento York, héroe de guerra; mató a 25 alemanes y capturó a 132 en la batalla de Argonne. The New York Times. https://www.nytimes.com/1964/09/03/archives/sergeant-york-war-hero-dies-killed-25-germans-and-captured-132-in.html

El verdadero Fay. (2016, 16 de abril). Diannewolfer. https://diannewolfer.com/books/historical-fiction/lighthouse-girl/the-real-fay/

El Barón Rojo lo cuenta todo. (2022, 20 de octubre). HistoryNet. https://www.historynet.com/the-red-baron-tells-all/

La toma de Akaba - 1917 - T.e. Lawrence, Auda abu tayi, Príncipe Feisal, puerto de Aqaba. (s.f.). Cliohistory.org. https://www.cliohistory.org/thomas-lawrence/akaba

Cruz Victoria: Lance Corporal Albert Jacka, Batallón 14, AIF. (s.f.). Gov.Au. https://www.awm.gov.au/collection/C94174

Primera Guerra Mundial. (2009, 29 de octubre). HISTORY. https://www.history.com/topics/world-war-i/world-war-i-history

Estrés postraumático de la Segunda Guerra Mundial. (2020, 26 de junio). The National WWII Museum | New Orleans; The National World War II Museum. https://www.nationalww2museum.org/war/articles/wwii-post-traumatic-stress

Capitán Noel Chavasse (VC y Bar, MC) Recordado. (sin fecha). National Museums Liverpool. https://www.liverpoolmuseums.org.uk/stories/captain-noel-chavasse-vc-and-bar-mc-remembered

El que quiera ver el verdadero valor. (s.f.). Churchtimes.co.uk. https://www.churchtimes.co.uk/articles/2017/1-september/faith/faith-features/he-who-would-true-valour-see

Hemmings, J. (2019, 10 de enero). El increíble capitán Noel Chavasse: Uno de los pocos hombres galardonados dos veces con la Cruz Victoria. Warhistoryonline; War History Online. https://www.warhistoryonline.com/instant-articles/captain-noel-chavasse-ww1.html

COI. (s.f.). Noel Godfrey CHAVASSE. Olympics.com. https://olympics.com/en/athletes/noel-godfrey-chavasse

Historia de vida: Noel Godfrey Chavasse. (s.f.). Org.uk. https://livesofthefirstworldwar.iwm.org.uk/lifestory/787483

Noel Chavasse. (2019, 25 de febrero). The Royal British Legion. https://www.britishlegion.org.uk/stories/the-only-vc-and-bar-of-the-first-world-war

Documentos privados del capitán N G Chavasse VC* MC. (s.f.). Imperial War Museums. https://www.iwm.org.uk/collections/item/object/1030019940

(s.f.). The RAMC association - 1916 – Capitán Noel Godfrey CHAVASSE. Org. uk. https://www.ramcassociation.org.uk/medical-vc-recipient-categories/47-ww1/227-1916-captain-noel-godfrey-chavasse

www.ingramcontent.com/pod-product-compliance
Lightning Source LLC
Chambersburg PA
CBHW070728130626
46553CB00005B/2189